Fachbücher für Fortbildung & Studium

FFS 18

www.fhs-verlag.de

Dr. Holger Stöhr

F.I.T. zur IHK-Prüfung in Finanzwirtschaft im Industrieunternehmen

Handlungsspezifische Qualifikationen für Industriefachwirte

DIHK-Rahmenplan: Fach Nr. 5

1. Auflage

www.fhs-verlag.de   Fachbuchverlag Holger Stöhr

Zum Autor:

Dr. Holger Stöhr, Diplom-Volkswirt (Univ.)

Bisher sind u. a. die folgenden Titel des gleichen Autors erschienen:

- **F.I.T. zur IHK-Prüfung in Marketing & Vertrieb:** Handlungsspezifische Qualifikationen für Wirtschaftsfachwirte, Oberstdorf 2018
  ISBN 978-3-943743-26-5

- **F.I.T. zur IHK-Prüfung in Führung & Zusammenarbeit:** Handlungsspezifische Qualifikationen für Industriefachwirte, Oberstdorf 2018
  ISBN 978-3-943743-28-9

Bibliografische Informationen der Deutschen Bibliothek

Die Deutsche Bibliothek verzeichnet diese Publikation in der Deutschen Nationalbibliografie; detaillierte bibliografische Daten sind dem Internet über http://dnb.ddb.de abrufbar.

ISBN 978-3-943743-24-1

1. Auflage

© 2018 Fachbuchverlag Holger Stöhr, Oberstdorf

Druck: Laserline, Berlin

Fachbuchverlag Holger Stöhr (FHS)
Internet: www.fhs-verlag.de

© Umschlagsgestaltung und Fotografien im Fachbuch: Holger Stöhr, 2018

Bildnachweis für die beiden Bilder auf dem vorderen/hinteren Umschlag:
©psychoshadow - stock.adobe.com

Inhaltsverzeichnis

Vorwort

Dieses Fachbuch zum Prüfungsfach »**Finanzwirtschaft im Industrieunternehmen**« ist am aktuellen Rahmenstoffplan der Prüfung »**Handlungsspezifische Qualifikationen**« des IHK-Lehrgangs »**Industriefachwirt/-in**« ausgerichtet.

Wer in eine Prüfung geht, ist oft nicht angemessen vorbereitet, und dies, obwohl er oder sie regelmäßig an Lehrgängen teilgenommen hat und die dazugehörigen Bücher oder Skripte gelernt hat. Was fehlt, ist der letzte Schliff. Zum Ende der Vorbereitung muss nochmals alles auf den Punkt gebracht werden. **Für die Erstellung eigener Zusammenfassungen fehlt oft die Zeit.** Es fehlen Tipps zur Vorgehensweise in der Prüfung. Korrekturen von Prüfungen zeigen immer, wie viele Punkte unnötig vergeudet werden. Zudem sollten zur Übung noch Prüfungen simuliert werden.

Zu diesem Zweck baue ich auf ein dreigleisiges Verfahren (F.I.T.):

- **Zusammenfassungen:** Zunächst wird der Inhalt/Stoff des Fachs kurz und verständlich zusammengefasst (Inhalte in Form von Zusammenfassungen).

- **Fragen:** Zur Prüfungsvorbereitung sind in Anhang A zwei Prüfungssimulationen enthalten (je 40 Pt.), die exakt auf dem Niveau der realen Prüfungen sind – vom Schwierigkeitsgrad, der Punkte- und der Stoffverteilung. Dazu werden in Anhang B ausführliche und klare Lösungen geliefert (Fragen/Aufgaben mit Lösungen)

- **Tipps:** Schließlich sollen Ihnen zahlreiche Tipps und Hinweise in Anhang D die Prüfung erleichtern (Tipps zur Fehlervermeidung).

Zudem fühlt man sich unsicher, was nun wichtig ist, und was weniger. Zur besseren Einordnung, inwiefern welcher Stoff **prüfungsrelevant** ist, sind zwei hilfreiche Aspekte eingebaut: (A) Zu jedem Kapitel, Unterkapitel etc. wird die Prüfungsrelevanz in 3 Stufen gemäß IHK-Rahmenstoffplan am rechten Rand mit einem Marker angegeben:

1. Die erste Stufe bezieht sich auf einfachen Lernstoff. Hier werden nur **Kenntnisse** in Form von Definitionen, Auflistungen usw. erwartet. Als Symbol dient die Diskette.

2. Die zweite Stufe bezieht sich auf das **Verständnis** von Zusammenhängen und komplexeren Sachverhalten und deren Erläuterung. Als Symbol dient der kreisende Pfeil.

3. Die dritte Stufe steht für gelerntes und verstandenes Wissen, das in Form von Übungen und Rechnungen **Anwendung** findet. Als Symbol dient der Taschenrechner.

(B) Zu jedem Kapitel bzw. Unterabschnitt wird in einer kleinen Tabelle am rechten Rand (etwas nach unten versetzt) detailliert dargestellt, in welchen vergangenen Prüfungen dieser Stoff in welcher Aufgabe und mit welcher Punktezahl abgefragt wurde. Diese Zuordnung gilt immer für den gesamten Bereich der Zwischenüberschrift bzw. des Teilkapitels (siehe Abbildungen der Innenseiten des Umschlags).

Natürlich können auf so knappem Raum nicht alle Themen ausführlich dargestellt werden. Stattdessen werden hier Zusammenfassungen geboten, die Ihnen ein schnelles Lernen und eine Einschätzung der Prüfungsrelevanz der Themen gewähren. Dabei wurden die bisherigen IHK-Prüfungen berücksichtigt (Stand: Juli 2018).

Wichtig:

In Kapitel 3 »Kostenrechnung« werden Grundkenntnisse aus Ihrer Prüfung »Rechnungswesen« (IHK-Prüfung »Wirtschaftsbezogene Qualifikationen«) vorausgesetzt.

Ich wünsche Ihnen viel Spaß mit diesem Fachbuch und viel Erfolg beim Bestehen Ihrer Prüfung.

Dr. Holger Stöhr
Oberstdorf im Juli 2018

Zur Prüfung

Bei diesem Fach steht die Anwendung des Wissens im Vordergrund:

- **IHK-Prüfung**: Industriefachwirte, »Handlungsspezifische Qualifikationen«, Situationsaufgabe I – davon ca. 45 Prozent.

- **Zeit**: ca. 45 % von 240 Minuten ≈ 108 Minuten.

- **Hilfsmittel**: Taschenrechner.

- **Probleme**: 1. Der Zeitfaktor könnte ein großes Problem werden. Zumal viele Prüflinge bei einzelnen Fragen zu viel bzw. zu wenig schreiben. Bei »Nennen ...« wird zu viel, bei »Erläutern ...« zu wenig geschrieben. 2. Die Rechnungsaufgaben wiederholen sich häufig ähnlich. 3. Viele Prüflinge haben Schwierigkeiten, leicht umformulierte Aufgaben zu verstehen und zu lösen.

- **Lösungsstrategien**: 1. Konzentrieren Sie sich auf die Aufgaben und Ihr vorhandenes Wissen. Nutzen Sie insbesondere bekannte Lösungsschemata, die in den folgenden Seiten geboten werden. Dazu sollte natürlich entsprechendes Wissen vorhanden sein. Denn eine nicht verstandene Formel der Formelsammlung hilft nicht weiter. Das erforderliche Wissen können Sie in diesem Fachbuch aneignen bzw. nochmals wiederholen. 2. Üben Sie anhand von alten Prüfungen und den Prüfungssimulationen in Anhang A die Bearbeitung von anwendungsorientierten Aufgaben.

FHS-Verlag.de
Fachbuchverlag Holger Stöhr

1 Investition und Investitionsrechnung

1.1 Investition als zentrale Fragestellung d. BWL

Je nach Unternehmensgröße, Branche und Situation müssen zahlreiche Entscheidungen hinsichtlich bestimmter Investitionen getroffen werden. Dies könnten einzelne Maschinen, PCs oder LKWs sein, es kann sich aber auch um ganze zu erwerbende Unternehmen oder Betriebsstätten handeln. Zur Entscheidungsfindung tragen qualitative Verfahren (bspw. Nutzwertanalyse) und die Investitionsrechenverfahren bei.

1.2 Investitionsarten

Nach dem **Gegenstand der Investition** unterschei-   F 2011/S1: A5a-b, 5 Pt.
det man **Sachinvestitionen** (bspw. Gebäude, Maschinen), **immaterielle Investitionen** (bspw. Lizenzen, Patente) und **Finanzinvestitionen** (bspw. Aktien, Beteiligungen). Nach dem **Zweck der Investition** werden unterschieden:

- ◆ **Gründungsinvestitionen** werden bei der Gründung eines Unternehmens durchgeführt.

- ◆ **Erweiterungsinvestitionen** dienen zur Ausdehnung des Geschäftsfeldes, indem bspw. ein Handelsunternehmen weitere Filialen eröffnet oder ein Industriebetrieb einen neuen Produktionsstandort wählt und dort investiert.

- ◆ **Diversifikationsinvestitionen** werden zur Ausdehnung bzw. Streuung (Diversifikation) der Geschäftsfelder gewählt um dadurch weniger anfällig bei Krisen einzelner Branchen zu sein.

- ◆ **Ersatzinvestitionen** werden dann fällig, wenn Anlagegüter ersetzt werden müssen.

- ◆ **Rationalisierungsinvestitionen** dienen zur rationelleren Erzeugung oder Erbringung der Dienstleistungen. Hierbei werden teilweise Menschen durch Maschinen oder Maschinen durch modernere Maschinen ersetzt.

1.3 Investitionsplanung

Der Investitionsprozess kann auch mit dem allgemein bekannten **Managementkreislauf** beschrieben werden.

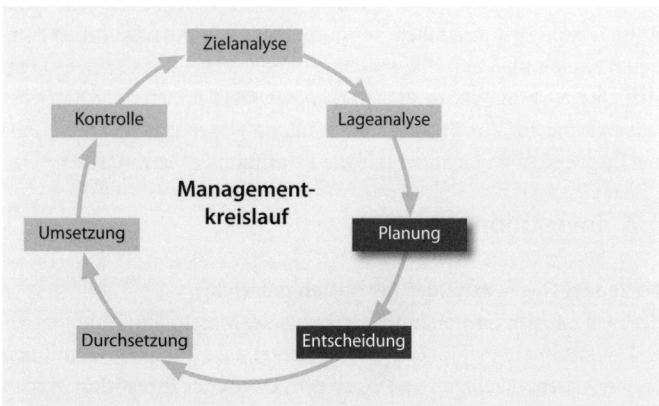

In den folgenden Betrachtungen stehen jedoch die **Planung** und die **Entscheidung** im Vordergrund. Eine ordentliche Investitionsentscheidung bedarf angemessener Investitionspläne. Dabei sind insbesondere zwei Aspekte zu berücksichtigen:

- Der Zusammenhang von Investition und Finanzierung. Nur finanzierbare Investitionen sind von Bedeutung.

- Einzelne Investitionsobjekte können nicht einzeln betrachtet werden. Ein Investitionsplan berücksichtigt die Gesamtheit der Investitionen. Dabei sind die Finanzierung und deren sinnvolle Anordnung und zeitliche Abfolge zu bedenken.

FHS-Verlag.de
Fachbuchverlag Holger Stöhr

1.4 Investitionsrechenverfahren

Wichtige Fragen in Unternehmen betreffen mögliche **Investitionen**. Zahlreiche Unsicherheitsfaktoren, langfristige Zeithorizonte (die die Unsicherheitsfaktoren noch verstärken) und die komplexen volks- und betriebswirtschaftlichen Zusammenhänge erschweren die Beurteilung von Investitionen in der Praxis. Zur Unterstützung der Entscheidung dienen dabei **Investitionsrechenverfahren**:

- Die **statischen Investitionsrechenverfahren** gehen von durchschnittlichen Kosten und Leistungen aus und berücksichtigen daher nicht die Zeitpunkte der Zahlungsströme.

- Die **dynamischen Investitionsrechenverfahren** berücksichtigen die Zeitpunkte der Ein- und Auszahlungen.

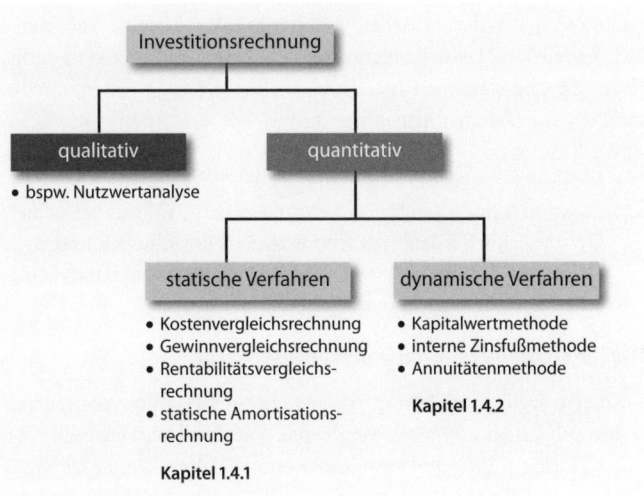

1

1.4.1 Statische Investitionsrechenverfahren

Für die weiteren Betrachtungen verwenden wir die folgende Fallstudie (Kopierer):

■ Zahlenangaben	Wertig L7750	Günstig G15-LJ
in EUR	Zinssatz = 7,5 %	Zinssatz = 7,5 %
1. Anschaffungswert (AW)	17.500 €	11.000 €
2. Restwert (RW)	2.500 €	1.000 €
3. Nutzungsdauer in J.	4 J.	4 J.
4. restliche Fixkosten/Jahr	10.000 €	1.750 €
5. variable Kosten pro Seite	3 Ct.	4 Ct.
6. Erlöse je Seite	6 Ct.	5 Ct.
7. jährliche Seitenleistung	500.000 S.	500.000 S.

Zu den Vorteilen der statischen Verfahren zählt die leichte Anwendbarkeit. Zudem sind keine finanzmathematischen Kenntnisse erforderlich. Nachteile: Die statischen Investitionsrechenverfahren gehen von zwei stark vereinfachenden Annahmen aus:

1. Es werden nur (Jahres-) Durchschnittswerte berechnet.

2. Es werden nur Kosten und Leistungen (bzw. Erlöse) betrachtet. Der tatsächliche Zahlungszeitpunkt der Einzahlungen und Auszahlungen der Investitionen wird im Gegensatz zu den dynamischen Verfahren nicht berücksichtigt.

Dabei werden folgende Verfahren unterschieden:

- **Kostenvergleichsrechnung**: Hier werden Investitionsalternativen nur anhand ihrer Kosten verglichen. Die Entscheidung sollte für das günstigste Angebot erfolgen. Dieses Verfahren ist nur bei identischen Leistungen (Erlöse bzw.) sinnvoll.

- **Gewinnvergleichsrechnung**: Dabei werden die Investitionsalternativen anhand ihrer erzielbaren Gewinne verglichen. Die Entscheidung sollte für die Alternative mit dem höchsten erzielbaren Gewinn fallen. Dies ist zweckmäßig, wenn zur Erzielung des Gewinns die gleichen Investitionssummen notwendig sind.

- **Rentabilitätsvergleichsrechnung**: Die erzielbaren Gewinne werden auf das durchschnittlich gebundene und damit investierte Kapital bezogen. Es sollte diejenige Alternative mit der höchsten Rendite gewählt werden.

- **Amortisationsvergleichsrechnung**: Entsprechend wird hier berechnet, wann sich die Investition amortisiert bzw. trägt. Je kürzer die Amortisationsdauer um so besser.

In der Praxis werden neben solchen quantitativen Methoden auch qualitative Aspekte berücksichtigt. Hierzu werden u. a. **Nutzwertanalysen** verwendet (vgl. bspw. Fach »Produktionsprozesse«), die jedoch zahlreiche Probleme der willkürlichen Auswahl der Faktoren, der Gewichtung und der Benotung beinhalten. Zu den qualitativen Faktoren zählen bspw.: 1. Qualität, 2. Service, 3. einfache Bedienung, 4. Ergonomie, 5. Sicherheit und 6. Umweltaspekte.

Kostenvergleichsrechnung

Zunächst werden die Kosten der beiden Alternativen berechnet. Dabei muss zwischen Fixkosten (u. a. kalkulatorische Abschreibungen und Zinsen) und variablen Kosten unterschieden werden:

H 2013/S1: A4a-b, 7 Pt.
F 2015/S1: A8a-d, 10 Pt.
H 2016/S1: A5d, 3 Pt.

Die **kalkulatorischen Abschreibungen** in Formel (1) erhalten wir, wenn wir die Differenz aus Anschaffungskosten und Restwert durch die Nutzungsdauer teilen. In den folgenden Formeln ist jeweils eine Rechnung für den Kopierer »L7750« (Kürzel: L) und für »G15-LJ« (Kürzel: G).

Hinweis:
AfA = Abschreibungen
AW = Anschaffungswert
RW = Restwert
ND = Nutzungsdauer

$$1. \quad AfA_L = \frac{(AW - RW)}{ND} = \frac{(17.500\ € - 2.500\ €)}{4\ J.} = 3.750\ €$$

$$AfA_G = \frac{(AW - RW)}{ND} = \frac{(11.000\ € - 1.000\ €)}{4\ J.} = 2.500\ €$$

Tipp:

Es sollte bei den kalkulatorischen Abschreibungen, sofern vorhanden, der **Wiederbeschaffungswert** (WBW) verwendet werden.

Zur Berechnung der **kalkulatorischen Zinsen** müssen wir erst die durchschnittliche Kapitalbindung berechnen (2) und diese dann anschließend mit dem vorgegebenen kalkulatorischen Zinssatz multiplizieren und durch 100 % teilen (3).

2. $\varnothing$ Kapitalbindung$_L = \dfrac{(AW + RW)}{2} = \dfrac{(17.500\ € + 2.500\ €)}{2} = 10.000\ €$

   $\varnothing$ Kapitalbindung$_G = \dfrac{(AW + RW)}{2} = \dfrac{(11.000\ € + 1.000\ €)}{2} = 6.000\ €$

Zur Veranschaulichung der durchschnittlichen Kapitalbindung

Eine Investition mit einem Anschaffungswert von 500 T€ und einem voraussichtlichen Restwert von 100 T€ wird mittels eines Abzahlungsdarlehens über vier Jahre gleichmäßig getilgt:

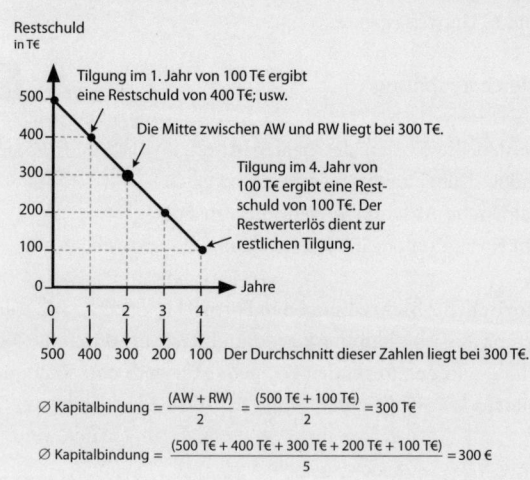

Restschuld
in T€

Tilgung im 1. Jahr von 100 T€ ergibt eine Restschuld von 400 T€; usw.

Die Mitte zwischen AW und RW liegt bei 300 T€.

Tilgung im 4. Jahr von 100 T€ ergibt eine Restschuld von 100 T€. Der Restwerterlös dient zur restlichen Tilgung.

0	1	2	3	4
500	400	300	200	100

Der Durchschnitt dieser Zahlen liegt bei 300 T€.

$\varnothing$ Kapitalbindung $= \dfrac{(AW + RW)}{2} = \dfrac{(500\ T€ + 100\ T€)}{2} = 300\ T€$

$\varnothing$ Kapitalbindung $= \dfrac{(500\ T€ + 400\ T€ + 300\ T€ + 200\ T€ + 100\ T€)}{5} = 300\ €$

---

3. Zinsen$_L = \dfrac{(AW + RW)}{2} \cdot \dfrac{Zinssatz}{100\ \%} = \dfrac{(17.500\ € + 2.500\ €)}{2} \cdot \dfrac{7,5\ \%}{100\ \%} = 750\ €$

   Zinsen$_G = \dfrac{(AW + RW)}{2} \cdot \dfrac{Zinssatz}{100\ \%} = \dfrac{(11.000\ € + 1.000\ €)}{2} \cdot \dfrac{7,5\ \%}{100\ \%} = 450\ €$

1

Zählen wir die Abschreibungen, die Zinsen und die restlichen **Fixkosten** (für bedienendes Personal, Raumkosten und Wartungskosten bspw. in Form von Fixkosten für einen Wartungsvertrag) zusammen, erhalten wir die Summe der Fixkosten. Die **Summe der variablen Kosten** erhalten wir durch eine Multiplikation von variablen Seitenkosten (für Toner, Strom etc.) und jährlicher Seitenleistung. Die **Gesamtkosten** ergeben sich schließlich als Summe der Fixkosten und der variablen Kosten.

■	Kostenvergleich	Wertig L7750	Günstig G15-LJ
	in EUR	Zinssatz = 7,5 %	Zinssatz = 7,5 %
1.	kalk. Abschreibungen (AfA)	3.750,00	2.500,00
2.	kalk. Zinsen	750,00	450,00
3.	restliche Fixkosten	10.000,00	1.750,00
4.	Summe der Fixkosten	14.500,00	4.700,00
5.	Summe der variablen Kosten	15.000,00	20.000,00
6.	Gesamtkosten	29.500,00	24.700,00

Nach dem Kostenvergleichsverfahren würde wir uns für den um 4.800 € günstigeren Maschinentypus »Günstig G15-LJ« entscheiden.

Es stellt sich die Frage, bei welcher Menge beide Investitionsalternativen gleich hohe Kosten besitzen. Diese Frage macht aber wirklich nur dann Sinn, wenn die Fixkosten bei der einen und die variablen Stückkosten bei der anderen Alternative günstiger sind.

Die **kritische Menge hinsichtlich der Kosten** berechnet sich, indem die Fixkostendifferenz durch die Differenz der variablen Stückkosten geteilt wird (4). Dabei muss eine umgekehrte Reihenfolge eingehalten werden.

4. kritische Menge$_{Kosten}$ = $\dfrac{\text{Fixkostendifferenz}}{\text{Differenz variable Stückkosten}}$ (umgekehrte Reihenfolge)

kritische Menge$_{Kosten}$ = $\dfrac{K_{fix}^A - K_{fix}^B}{k_{var}^B - k_{var}^A}$ = $\dfrac{14.500\,€ - 4.700\,€}{0,04\,€ - 0,03\,€}$ = 980.000 Seiten

Zwar hat der Kopierer L7750 deutlich höhere Fixkosten, aber andererseits auch deutlich niedrigere variable Seitenkosten. Somit lässt sich ein

1

Punkt berechnen (= kritische Menge), bei dem die Kosten gleich groß sind. Dieser Punkt liegt in unserer Fallstudie bei 980.000 Seiten.

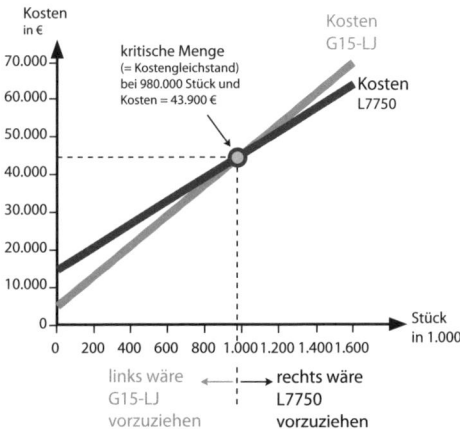

Gewinnvergleichsrechnung

Da die beiden Drucker aufgrund der unterschied- H 2011/S1: A2c, 3 Pt.
lichen Qualität unterschiedliche Erlöse erzielen können, ist die Kostenvergleichsrechnung wenig aussagekräftig. Nach der Gewinnvergleichsrechnung würden wir uns für die »Wertig L7750« entscheiden. Hierzu müssen wir die Erlöse je Seite mit der Seitenzahl multiplizieren und hiervon die gesamten Kosten abziehen:

■	Gewinnvergleich	Wertig L7750	Günstig G15-LJ
	in EUR	Zinssatz = 7,5 %	Zinssatz = 7,5 %
1.	Erlöse je Seite	0,06	0,05
2.	Erlöse pro Jahr	30.000,00	25.000,00
3.	Gesamtkosten	29.500,00	24.700,00
4.	Gewinn	+ 500	+ 300

Die **kritische Menge hinsichtlich des Gewinns** berechnet sich relativ einfach, indem die Fixkostendifferenz durch die Differenz der Stückdeckungsbeiträge (db = Preis – variable Stückkosten) geteilt wird (5).

$$5. \quad \text{kritische Menge}_{\text{Gewinn}} = \frac{\text{Fixkostendifferenz}}{\text{Differenz Stückdeckungsbeiträge}} \quad \text{(gleiche Reihenfolge)}$$

$$\text{kritische Menge}_{\text{Gewinn}} = \frac{K_{fix}^{A} - K_{fix}^{B}}{db^{A} - db^{B}} = \frac{14.500\,€ - 4.700\,€}{0,03\,€ - 0,01\,€} = 490.000\ \text{Seiten}$$

Sofern mehr als 490.000 Seiten gedruckt werden, ist der Gewinn des Kopierers mit den höheren Fixkosten größer (= Wertig L7750). Allerdings sind die geplanten 500.000 Seiten sehr nahe am Gleichstand. Daher kann es in der Praxis durchaus zu ungewollten Abweichungen kommen.

Rentabilitätsvergleichsrechnung

Zur Ermittlung der jeweiligen Rentabilität wird der $^{\text{H 2011/S1: A2c, 2 Pt.}}$ Return on Investment (RoI) berechnet, der den ermittelten Gewinn (Kürzel: oZ) in Beziehung zum durchschnittlich gebundenen Kapital setzt (6):

$$6. \quad \text{RoI}_{L}^{oZ} = \frac{\text{Gewinn}}{(AW + RW) \div 2} \cdot 100\,\% = \frac{500\,€}{(17.500\,€ + 2.500\,€) \div 2} \cdot 100\,\% = 5\,\%$$

$$\text{RoI}_{G}^{oZ} = \frac{\text{Gewinn}}{(AW + RW) \div 2} \cdot 100\,\% = \frac{300\,€}{(11.000\,€ + 1.000\,€) \div 2} \cdot 100\,\% = 5\,\%$$

Zuweilen wird hier auch der Gewinn zuzüglich der Zinsen (Kürzel: mZ) in Relation zum durchschnittlich gebundenen Kapitel gesetzt und mit 100 % Prozent multipliziert (7). Es zeigt sich, dass nach der Rendite beide Drucker gleichwertig sind und alleine anhand dieses Kriteriums keine Entscheidung getroffen werden kann.

$$7. \quad \text{RoI}_{L}^{mZ} = \frac{\text{Gewinn} + \text{Zinsen}}{(AW + RW) \div 2} \cdot 100\,\% = \frac{500\,€ + 750\,€}{(17.500\,€ + 2.500\,€) \div 2} \cdot 100\,\% = 12,5\,\%$$

$$\text{RoI}_{G}^{mZ} = \frac{\text{Gewinn} + \text{Zinsen}}{(AW + RW) \div 2} \cdot 100\,\% = \frac{300\,€ + 450\,€}{(11.000\,€ + 1.000\,€) \div 2} \cdot 100\,\% = 12,5\,\%$$

Amortisationsvergleichsrechnung

Die Amortisationsdauer gibt an, wann sich eine In- H 2016/S1: A5c, 4 Pt.
vestition rentiert. Dabei gilt, je kürzer desto besser. Zunächst muss hier
die Differenz (= notwendiger gesamter Rückfluss) zwischen Anschaffungswert (AW) und Restwert (RW) berechnet werden. Diese Differenz
muss durch die Investition erwirtschaftet werden. Dazu dienen die
Rückflüsse die sich als Summe aus Gewinn und Abschreibungen (und
bisweilen Zinsen) berechnen (= durchschnittlicher jährlicher Rückfluss). Die Amortisationsdauer (8) und (9) ist dann der Quotient aus
diesen beiden Werten.

Bei der Amortisationsdauer hat wiederum der »Wertig L7750« die Nase
vorn, da seine Amortisationsdauer kürzer ist.

$$8. \quad \text{Amortisation}_L^{oZ} = \frac{(AW - RW)}{(Gewinn + AfA)} = \frac{(17.500\,€ - 2.500\,€)}{(500\,€ + 3.750\,€)} = 3,53 \text{ Jahre}$$

$$\text{Amortisation}_G^{oZ} = \frac{(AW - RW)}{(Gewinn + AfA)} = \frac{(11.000\,€ - 1.000\,€)}{(300\,€ + 2.500\,€)} = 3,57 \text{ Jahre}$$

$$9. \quad \text{Amortisation}_L^{mZ} = \frac{(AW - RW)}{(Gewinn + AfA + Zinsen)} = \frac{(17.500\,€ - 2.500\,€)}{(500\,€ + 3.750\,€ + 750\,€)} = 3,00 \text{ J.}$$

$$\text{Amortisation}_G^{mZ} = \frac{(AW - RW)}{(Gewinn + AfA + Zinsen)} = \frac{(11.000\,€ - 1.000\,€)}{(300\,€ + 2.500\,€ + 450\,€)} = 3,08 \text{ J.}$$

Fazit: Das Fallbeispiel soll aufzeigen, wie schwer eine Entscheidung anhand einer Methode sein kann und ggf. zu Fehlentscheidungen führen
kann. Insgesamt dürfte in unserem Fall der Kopierer »Wertig L7750«
vorzuziehen sein.

Wird in IHK-Prüfungen mit oder ohne Zinsen gerechnet?

Leider ist das nicht einheitlich. Häufig wird bei der Rentabilität mit Zinsen und bei der Amortisation ohne Zinsen gerechnet.

1.4.2 Dynamische Investitionsrechenverfahren

Die **dynamischen Investitionsrechenverfahren** ge- F 2016/S1: A6b, 4 Pt.
hen von folgenden Annahmen aus:

- Es wird der gesamte Investitionszeitraum berücksichtigt.

- Der wesentliche Vorteil liegt in der Berücksichtigung der tatsächlichen Zahlungsströme (Ein- und Auszahlungen), die auf den heutigen Wert abgezinst werden.

Kapitalwertmethode

Zunächst müssen die verschiedenen Einzahlungen   F 2011/S1: A5c, 6 Pt.
und Auszahlungen ermittelt werden. Die jeweilige   H 2011/S1: A2a, 12 Pt.
Differenz für jedes Jahr ergibt den jeweiligen Ein F 2013/S1: A3a, 7 Pt.
                                                    F 2014/S1: A2a-b, 12 Pt.
zahlungsüberschuss (**EZÜ**), der dann abgezinst   F 2015/S1: A9a-d, 12 Pt.
wird. Die Summe dieser Barwerte ergibt den Ka   H 2015/S1: A9b, 4 Pt.
pitalwert (**Zahlenangaben zur Fallstudie Kopierer** F 2016/S1: A6a,c, 6 Pt.
finden Sie auf S. 12):   H 2016/S1: A5a-b, 9 Pt.
                                                    F 2017/S1: A9a-b, 10 Pt.
- Zu den **Einzahlungen** zählen die jeweiligen ❶   H 2017/S1: A9a-c, 6 Pt.
Umsatzerlöse sowie im letzten Jahr zusätzlich ❷   F 2018/S1: A2a-b, 10 Pt.
der Restwerterlös.

- Die **Auszahlungen** setzen sich aus dem ❸ Anschaffungswert zum
Zeitpunkt 0 sowie in den folgenden Jahren ❹ aus den restlichen
Fixkosten sowie den variablen Kosten zusammen.

- Die **kalkulatorischen Abschreibungen** sind Kosten, aber keine
Auszahlungen. Stattdessen werden sie bei der Anfangsauszahlung
zum Zeitpunkt 0 berücksichtigt.

- Entsprechend sind die **kalkulatorischen Zinsen** ebenfalls keine
Auszahlung, sondern werden durch die Abzinsung bei der Berechnung des Barwerts berücksichtigt.

Sofern wir die Ein- und Auszahlungen erfasst haben, können wir ❺ in
der nächsten Spalte die **Einzahlungsüberschüsse** (EZÜ) als Differenz

1

aus Ein- und Auszahlungen berechnen. ❻ Die Einzahlungsüberschüsse zinsen wir für jedes Jahr mit dem gegebenen Zinssatz von 7,5 Prozent ab (EZÜ ÷ $1{,}075^{\text{Jahr}}$). Diese abgezinsten Beträge heißen **Barwerte** (BW). ❼ Die Summe der Barwerte ergibt den **Kapitalwert** C_0 für die Investitionsalternative Kopierer »Wertig L7750«. Für gewöhnlich ist eine Investition umso lohnenswerter je höher der Kapitalwert ist. Er sollte zumindest positiv sein.

■	Ziel: Kapitalwert C_0 für den Kopierer »L7750«			
n	Einzahl.	Auszahl.	EZÜ	BW 7,5 %
0		❸–17.500	–17.500	–17.500,00
1	❶ 30.000	❹–25.000	❺ 5.000	❻ 4.651,16
2	30.000	–25.000	5.000	4.326,66
3	30.000	–25.000	5.000	4.024,80
4	❷ 32.500	–25.000	7.500	5.616,00
Σ	122.500	–117.500	5.000	C_0= 1.118,62 ❼

$$\longleftarrow \quad \frac{5.000\ €}{1{,}075^3} = 4.024{,}80\ €$$

Tipps:

1. In manchen IHK-Prüfungsaufgaben sind keine direkten Einzahlungen gegeben. Stattdessen wird von möglichen Einsparungen durch eine Investition gesprochen. Diese Einsparungen müssen dann als Einzahlungen betrachtet werden (nicht erforderliche Auszahlung entsprechen den Einzahlungen).
2. Sofern keine Anfangsauszahlung gegeben ist, kann mit Hilfe der Kapitalwertmethode auch der maximal akzeptable Kaufpreis ermittelt werden.

Die Berechnung können wir auch mit Hilfe einer Formel darstellen:

$$10.\quad C_0 = -\,a_0 + \sum_{t=1}^{4}\left(\frac{EZÜ_t}{1{,}075^t}\right)$$

$$11.\quad C_0 = -\,17.500\ € + \frac{5.000\ €}{1{,}075^1} + \frac{5.000\ €}{1{,}075^2} + \frac{5.000\ €}{1{,}075^3} + \frac{7.500\ €}{1{,}075^4} =$$

$$C_0 = -\,17.500\ € + 4.651{,}16\ € + 4.326{,}66\ € + 4.024{,}80\ € +$$

$$+\ 5.616{,}00\ € = +\,1.118{,}62\ €$$

Es zeigt sich deutlich, dass die Vorgehensweise in der Tabelle identisch mit derjenigen in der Formel ist. Allerdings ist die Tabelle wesentlich übersichtlicher. Daher empfehle ich Ihnen mit der Tabelle zu arbeiten.

FHS-Verlag.de
Fachbuchverlag Holger Stöhr

Zahlenstrahl für unsere Kapitalwertberechnung

Zur Veranschaulichung der Berechnung des Kapitalwerts die Darstellung mittels eines Zahlenstrahls:

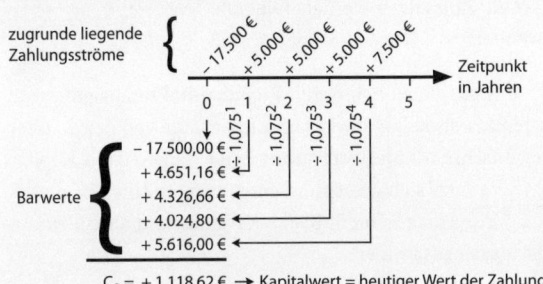

Damit lässt sich auch die allgemein in Lehrbüchern und Formelsammlungen gedruckte Formel für die Berechnung des Kapitalwerts darstellen (12.). Dabei werden Einzahlungen eines Jahre mit e_t und die jeweiligen Auszahlungen mit a_t bezeichnet. Die Anzahl der Jahre wird als n bezeichnet. Zudem wird (13.) der Zinsfaktor häufig als q und (14.) der Zinssatz in Dezimalschreibweise als i bezeichnet. Zum Beispiel erhalten wir bei einem Zinssatz p = 5 % folgende Werte: i = 0,05 und q = 1,05.

12. $C_0 = -a_0 + \sum_{t=1}^{n}\left(\dfrac{e_t - a_t}{q^t}\right)$

13. $q = \left(1 + \dfrac{p}{100\,\%}\right)$

14. $i = \dfrac{p}{100\,\%}$

15. $q = 1 + i$

C_0 = Kapitalwert
a_0 = Anfangsauszahlung
n = Anzahl der Jahre
e_t = Einzahlung des jeweiligen Jahres
a_t = Auszahlung des jeweiligen Jahres
p = Zinssatz
q = Zinsfaktor
i = Zinssatz in Dezimalform

Tipp:

Sofern ein Restwert vorhanden ist, wird dieser im letzten Jahr zu den Einzahlungen hinzugezählt.

Interne Zinsfußmethode

Das Ergebnis der Kapitalwertmethode hängt stark vom gegebenen Zinssatz ab. Zur Bestimmung des **kalkulatorischen Zinssatzes** werden folgende Varianten verwendet:

H 2011/S1: A2b, 5 Pt.
F 2013/S1: A3b, 8 Pt.
H 2014/S1: A7a,e, 10 Pt.
H 2017/S1: A9d-f, 7 Pt.

- Sofern wir uns ausschließlich durch **Eigenkapital** finanzieren würden, müssten wir als kalkulatorischen Zinssatz die von den Kapitalgebern gewünschte Mindestverzinsung ihres eingesetzten Kapitals ansetzen. Diese setzt sich aus einem entgangenen Zins für eine alternative, sichere Anlage, einem Risikoaufschlag und einem zusätzlichen Rendíteziel zusammen.

- Wenn wir uns hingegen nur durch **Fremdkapital** finanzieren würden (bspw. durch die Aufnahme von Krediten bei unserer Hausbank), würden wir den von der Bank genannten Zinssatz ansetzen.

- In der Realität liegt die Wahrheit dazwischen – je nach Anteil der **Eigen- und Fremdfinanzierung**. Stellen wir uns vor, dass unsere Aktionäre eine Rendite von 15 % erwarten und unsere Hausbank 5 % für ein langfristiges Darlehen verlangt. Zudem hätten wir eine Eigenkapitalquote von 25 % (Fremdkapitalquote = 75 %). Somit erhalten wir einen kalkulatorischen Zinssatz von (15 % × 25 % / 100 % + 5 % × 75 % / 100 % = 3,75 % + 3,75 % =) 7,5 %.

Der Zinssatz, bei dem der Kapitalwert exakt 0 wird, heißt **interner Zinsfuß**. Wie können wir diesen nun berechnen? Leider gibt es keine Formel, die eine exakte Berechnung ermöglicht. Stattdessen kann man versuchen, sich immer mehr anzunähern. Dabei gibt es eine Abkürzung mittels einer **Näherungslösung**. Zeigen wir das mit unserem Beispiel »L7750«. Wenn man zunächst für 7,5 Prozent den Kapitalwert mit C_0 = 1.118,63 € berechnet, erkennt man sofort, dass der Zinssatz der zu einem Kapitalwert von 0 € führen wird, wohl bei einem höheren Zinssatz sein dürfte. Daher setzen wir einen ausreichend größeren Zinssatz an. Bei 15 Prozent erhielten wir einen Kapitalwert C_0 = – 1.795,73 €. Die Näherungslösung erfolgt nun in Form eines Dreisatzes.

Zur Bestimmung des internen Zinsfußes mit Hilfe eines Dreisatzes

Zur besseren Übersicht habe ich die beiden Kapitalwerte auf ganze 100 € gerundet.

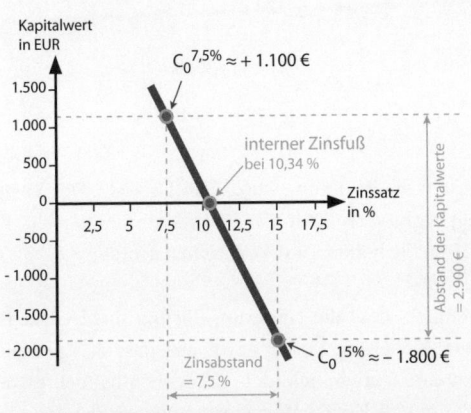

Der Dreisatz besteht darin, dass der erste Kapitalwert mit 1.100 € in Relation zum gesamten Abstand der Kapitalwerte gesetzt wird und dies auf den Zinsabstand bezogen wird. Das Ergebnis mit 2,84 % wird zu den 7,5 % hinzugezählt.

16. $2.900 \,€ \triangleq 7,5 \,\%$

     $1.100 \,€ \triangleq x \,\%$

     $x \,\% = 7,5 \,\% \cdot \dfrac{1.100 \,€}{2.900 \,€} = 2,84 \,\%$

     $\rightarrow$ interner Zinsfuß = 7,5 % + 2,84 % = 10,34 %

Der **Näherungslösung** liegt die Annahme zugrunde, dass zwischen den beiden Punkten $C_0^{7,5\%}$ und $C_0^{15\%}$ eine Gerade verläuft. Dann muss der Schnittpunkt dieser Geraden mit der Zinssatz-Achse genau dem internen Zinsfuß entsprechen. Sofern wir diese Annahme übernehmen, können wir das Ergebnis in der Tat mit einem **Dreisatz** einfach bestimmen (siehe Box). Alternativ wird in Formelsammlungen die **Regula falsi** genannt, die exakt dem Dreisatz entspricht:

1

17. $r = i_1 - C_{01} \cdot \dfrac{i_2 - i_1}{C_{02} - C_{01}}$

$r = 7,5\,\% - 1.100\,€ \cdot \dfrac{15\,\% - 7,5\,\%}{-1.800\,€ - 1.100\,€} =$

$r = 7,5\,\% - 1.100\,€ \cdot \dfrac{7,5\,\%}{-2.900\,€} = 7,5\,\% + 7,5\,\% \cdot \dfrac{1.100\,€}{2.900\,€}$

$r = 7,5\,\% + 2,84\,\% = 10,34\,\%$

Im Endeffekt entspricht die Rechnung exakt dem Dreisatz. Der Vorteil der Regula falsi liegt darin, dass Sie in der Formelsammlung steht. Bei der Regula falsi müssen Sie höllisch auf **Vorzeichen** achten.

Woran liegt es eigentlich, dass die **Näherungslösung** nicht exakt ist? Wir gehen bei unserer Näherungslösung davon aus, dass sich zwischen den beiden Punkten eine **Gerade** befindet. Tatsächlich handelt es sich aber für gewöhnlich um eine **Kurve.** Wozu berechnen wir den internen Zinsfuß überhaupt? Der interne Zinsfuß zeigt an, bis zu welchem Zinssatz eine Investition sinnvoll ist. Dies ist in der Praxis bspw. bei Kreditverhandlungen mit Banken sehr hilfreich. Jedoch sollte auch hier in den allerwenigsten Fällen die dritte Nachkommastelle von Bedeutung sein.

Nach der **Wiederanlageprämisse** geht man davon aus, dass zeitweilig anfallende Überschüsse immer zum internen Zinsfuß angelegt werden können. Dies ist äußerst unrealistisch, wenn man reale Zinssätze sieht.

Annuitätenmethode

Der Kapitalwert einer Investition ist der heutige Wert einer Investition. Diese Investition setzt sich zumeist aus einer Zahlungsreihe aus vielen Werten zusammen, die jeweils auf den heutigen Wert abgezinst werden. Der Kapitalwert selbst ist aber nur eine Zahl, die stellvertretend für die gesamte Zahlungsreihe steht. Wenn wir fünf Jahre hintereinander nachschüssig 1.000 € erhalten, so können wir bei einem gegeben Zinssatz von 4 Prozent den Barwert dieser Investition berechnen:

H 2014/S1: A7b, 2 Pt.
H 2015/S1: A9a,c, 8 Pt.

FHS-Verlag.de
Fachbuchverlag Holger Stöhr

18. $\dfrac{1.000\,€}{1,04^1} + \dfrac{1.000\,€}{1,04^2} + \dfrac{1.000\,€}{1,04^3} + \dfrac{1.000\,€}{1,04^4} + \dfrac{1.000\,€}{1,04^5} =$

$961,54\,€ + 924,56\,€ + 889,00\,€ + 854,80\,€ + 821,93\,€ = 4.451,82\,€$

Alternativ können wir den Barwert dieser **Rente** (= gleichbleibende Zahlung) auch mit dem **Barwertfaktor** berechnen:

19. $\text{BWF} = \dfrac{q^n - 1}{q^n \cdot (q - 1)} = \dfrac{1,04^5 - 1}{1,04^5 \cdot (1,04 - 1)} = 4,45182233$

20. $\text{Barwert} = 1.000\,€ \cdot \text{BWF} = 1.000\,€ \cdot 4,45182233 = 4.451,82\,€$

Natürlich funktioniert diese Rechnung auch umgekehrt: Wenn wir den Barwert einer Zahlungsreihe kennen, können wir mit Hilfe des Barwertfaktors die Rente berechnen:

21. $\text{Rente} = \dfrac{\text{Barwert}}{\text{BWF}} = \dfrac{4.451,82\,€}{4,45182233} = 1.000\,€$

Dabei muss es sich bei der ursprünglichen Zahlungsreihe nicht einmal (wie in unserem Beispiel) um eine Rente handeln. Und genau diesen Effekt können wir für unsere Investitionsrechnung nutzen. Wenn wir den Kapitalwert einer Investition berechnet haben, können wir mit Hilfe des Barwertfaktors die dazugehörige Annuität einer Investition berechnen:

22. $\text{Annuität} = \dfrac{\text{Kapitalwert}}{\text{BWF}}$

Berechnen wir damit für den Kapitalwert unseres Kopierers »L7750« in Höhe von 1.118,63 € die dazugehörige Annuität:

23. $\text{BWF} = \dfrac{q^n - 1}{q^n \cdot (q - 1)} = \dfrac{1,075^4 - 1}{1,075^4 \cdot (1,075 - 1)} = 3,34932627$

24. $\text{Annuität} = \dfrac{1.118,63\,€}{3,34932627} = 333,99\,€$

Tipp: Sie sollten den BWF nicht auf 2 Stellen runden ($\geq$ 6 Stellen).

1

Die Annuität, die einer jährlich gleichbleibenden Zahlung entspricht, ist mit 333,99 € genauso viel wert wie der Kapitalwert in Höhe von 1.118,63 €. Demnach ist es genauso wertvoll vier Jahre hintereinander (nachschüssig) 333,99 € zu erhalten, wie jetzt sofort 1.118.63 €.

Wie kann das sein? Wenn wir 4 mal 333,99 € berechnen, erhalten wir mit 1.335,96 € deutlich mehr als den Kapitalwert mit 1.118,63 €. Zur Lösung dieses Rätsels müssen Sie bedenken, dass diese 1.118,63 € schon auf den heutigen Wert abgezinst sind, die jährliche Rente mit 333,99 € aber erst noch jeweils abgezinst werden muss:

■	Ziel: Annuität und C_0	
n	EZÜ	BW 7,5 %
0		
1	333,99	310,69
2	333,99	289,01
3	333,99	268,85
4	333,99	250,09
Σ	1.335,96	C_0= 1.118,64

Tipps:

1. In IHK-Prüfungen wird gerne folgende (bzw. eine entsprechende) Formulierung verwendet, wenn nach der Annuität gefragt wird: »Welchen Betrag kann man am Ende eines Jahres jeweils entnehmen, ohne die Verzinsung und die Tilgung der Investition zu gefährden?«. 2. Die verschiedenen Verfahren können dann zu unterschiedlichen Ergebnissen führen, wenn unterschiedliche Laufzeiten der Anlagen/Investitionsobjekte vorliegen.

Kritische Würdigung

Zwar sind die dynamischen Verfahren der Investitionsrechnung den statischen überlegen, da sie die unterschiedlichen Zeitpunkte der Ein- und Auszahlungen berücksichtigen. Dabei werden Zins- und Zinseszinsaspekte berücksichtigt. Sie stellen trotzdem lediglich eine Näherung an eine optimale Lösung dar. Probleme: 1. Problem der Unsicherheit, 2. Wahl des kalkulatorischen Zinssatzes und 3. Manipulierbarkeit der Daten.

FHS-Verlag.de
Fachbuchverlag Holger Stöhr

2   Finanzierung beurteilen

2.1   Zusammenhang Investition u. Finanzierung

Investitionen und deren Finanzierung sind spiegel-   H 2011/S1: A3a, 2 Pt.
bildliche Entscheidungen. Dies lässt sich mit Hilfe einer Bilanz veran-
schaulichen.

Zahlenbeispiel zur Bilanz – Industrie

A	Bilanz in T€		P	
A. Anlagevermögen	50	**A.** Eigenkapital	23	
I. Immaterielles Vermögen	5	**I.** Gezeichnetes Kapital	14	
II. Sachanlagen	35	**II.** Kapitalrücklage	0	
III. Finanzanlagen	10	**III.** Gewinnrücklage	3	
B. Umlaufvermögen	95	**IV.** Gewinn-/Verlustvortrag	2	
I Vorräte	17	**V.** Jahresüberschuss	4	
II Forderungen	35	**B.** Rückstellungen	12	} Fremd-
III Wertpapiere	40	**C.** Verbindlichkeiten	110	} kapital
IV Kassenbestände, Bank-guthaben, Schecks	3			
Summe	145	Summe	145	

Aktivseite der Bilanz   Passivseite der Bilanz
= Vermögen   = Kapital
= Mittelverwendung   = Mittelherkunft
= Investition   **= Finanzierung**

Die rechte Seite der Bilanz stellt die Mittelherkunft und damit die **Finanzierung** dar. Demgegenüber steht die linke Seite für die Mittelverwendung und damit für **Investitionen**. Daher sind Investitionsentschei-
dungen nicht von Finanzierungsentscheidungen zu trennen: (1) Eine
interessante, aber nicht finanzierbare Investitionsalternative ist unsin-
nig.

Zur Symmetrie von Finanzierung und Investition

Finanzierung und Investition haben typischerweise eine entgegengerichtete Entwicklung von Zahlungsströmen (**Fristenkongruenz**). Natürlich handelt es sich um keine exakte Symmetrie:

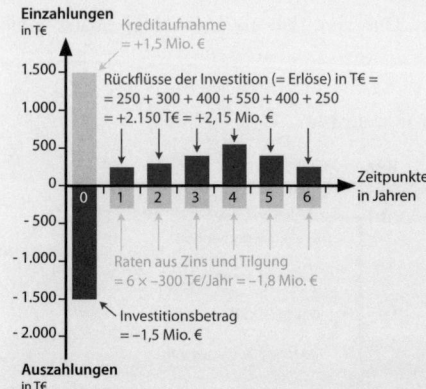

Finanzierungen haben für gewöhnlich zu Beginn einen Mittelzufluss (bspw. Kreditaufnahme). In den Folgeperioden entsteht ein Mittelabfluss für Tilgungsraten und Zinsen.

Investitionen erfordern zu Beginn einen Mittelabfluss (Kauf der Maschine). In den Folgeperioden fließen Mittel (bspw. in Form von Umsatzerlösen) zurück.

(2) Finanzielle Mittel, die nicht sinnvoll investiert werden können, sollten besser gar nicht besorgt werden.

Wichtige Hinweise:

1. Im weiteren Verlauf wird **Finanzwirtschaft** als Oberbegriff für Finanzierung und Investition verwendet.

2. Sofern die Fristen von Investitionen und Finanzierung harmonieren (weitgehend übereinstimmen), spricht man von **Fristenkongruenz**.

Finanzierungsgrundsätze: »Goldene Regeln«

- Die **Goldene Bilanzregel** besagt, dass langfristig F 2011/S1: A6a, 5 Pt.
gebundenes Vermögen durch langfristiges Kapi- F 2014/S1: A3c, 1 Pt.
tal gedeckt sein muss.

- Die **Goldene Bankregel** verlangt eine Deckung der kurzfristigen Schulden durch kurzfristig liquidierbares Vermögen (Liquiditätsgrad II bzw. III ≥ 100 %). **Oder:** Eigenkapital ≥ Anlagevermögen.

Ziele der Fristenkongruenz

Die Deckungs- und Liquiditätsgrade sind die zwei Seiten einer Medaille. Ziele der Fristenkongruenz sind: 1. langfristiges Kapital ≥ langfristiges Vermögen und 2. kurzfristiges Vermögen ≥ kurzfristige Schulden.

Maßnahmen zur Verbesserung der Liquiditätssituation

- Forderungen schneller eintreiben, bspw. durch Factoring oder kürzere Zahlungsziele. Verbindlichkeiten später begleichen durch längere Zahlungsziele bei unseren Lieferanten.

- Abbau von (überflüssigen) Vorräten. Einführung von Anzahlungen durch Kunden.

- Verkauf von nicht betriebsnotwendigem Anlage- und Umlaufvermögen (bspw. Wertpapiere, Gebäude und Grundstücke).

2

2.2 Kapitalbedarfsplanung

Der Kapitalbedarf eines Unternehmens hängt von F 2011/S1: A6b, 2 Pt. zahlreichen Faktoren ab. Dazu zählen: a) Umfang der Investitionen, b) werden im Umlaufvermögen Bestände auf- oder abgebaut, c) sonstige Veränderungen des Umlaufvermögens (bspw. bei Wertpapieren).

Zur **Reduzierung des Kapitalbedarfs im Umlaufvermögen** wäre bspw. denkbar: a) Produktionsprozesse beschleunigen, b) Lagerdauer der Rohstoffe und c) Fertigprodukte reduzieren, d) längere Zahlungsziele der Lieferanten und e) kürzere Zahlungsziele für Kunden.

Finanzpläne

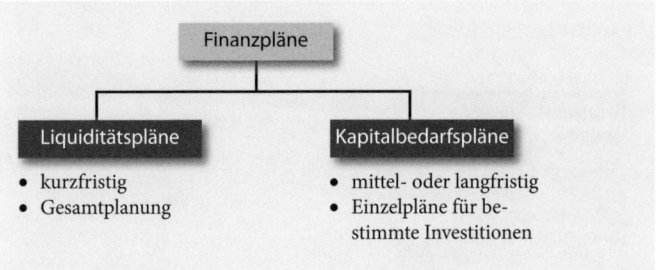

- **Liquiditätspläne** stellen die erwartete Entwicklung der Zahlungsmittelbestände der näheren Zukunft dar. Diese zumeist kurzfristigen Pläne werden für das gesamte Unternehmen bzw. Unternehmensgruppe/Konzern durchgeführt.

- **Kapitalbedarfspläne** sind hingegen auf einzelne Investitionen bezogen. Sie ermitteln den Bedarf an finanziellen Mitteln (= Kapitalbedarf) zur Durchführung einer Investition. Sie werden insbesondere bei bedeutenderen Investitionen (Gründung, Erweiterung, Erwerb weiterer Unternehmen) verwendet.

   FHS-Verlag.de
Fachbuchverlag Holger Stöhr

Kapitalbedarfspläne

Sofern eine bestimmte Investition geplant wird, muss zunächst der erforderliche Kapitalbedarf ermittelt bzw. geplant werden. Diese Kapitalbedarfspläne sind meist mittel- bis langfristig, da es für gewöhnlich mehrere Jahre dauert, bis sich solche Investitionen tragen und das in sie investierte Kapital erwirtschaften. Es werden zwei grundlegende Formen der Kapitalbedarfsplanung unterschieden:

F 2011/S1: A6a, 5 Pt.
F 2014/S1: A3a-b, 11 Pt.
H 2017/S1: A8a-d, 14 Pt.

- Zur Ermittlung des notwendigen Kapitals bis zur Inbetriebnahme einer Investition werden nur statische Kapitalbedarfspläne benötigt.

- Wenn die zeitliche Entwicklung des Kapitalbedarfs dargestellt werden soll, sind dynamische Kapitalbedarfspläne erforderlich.

Für eine statische Betrachtung kann eine Bilanz herangezogen werden. Auf der linken Seite müssten nun alle entscheidungsrelevanten Vermögenspositionen summiert werden, um den bilanziellen Kapitalbedarf der Investition zu erhalten. Zudem müssen Markteinführungs- und Gründungskosten sowie Fixkosten der Gründungsperiode aus der GuV berücksichtigt werden.

Die eben beschriebene Vorgehensweise ist indessen nur eine Momentaufnahme. Eine solche statische Analyse berücksichtigt jedoch nicht die zeitliche Entwicklung der Zahlungsströme. Für das Anlagevermögen ist eine solche Lösung durchaus denkbar und sinnvoll, aber das Umlaufvermögen wird eben ständig umgesetzt und kann daher zu einem wesentlich höheren Kapitalbedarf führen. Diese täglichen bzw. monatlichen Auszahlungen sind dann für den Kapitalbedarf nicht relevant bzw. problematisch, sofern sie von den durch die Investition erzielten Umsatzerlösen gedeckt werden. Zu Beginn einer Investition ist dies aber häufig nicht der Fall. Daher müssen die kumulierten täglichen Auszahlungen bis zu dem Zeitpunkt ermittelt werden, an dem die Umsatzerlöse dauerhaft die Auszahlungen decken. Es empfiehlt sich einen Zahlenstrahl zur Verdeutlichung zu zeichnen.

2

In unserem **Zahlenbeispiel** gehen wir von den folgenden Werten aus:

- Warenlagerung vor Produktionsbeginn = 6 Tage

- Fertigungsdauer = 4 Tage

- Zahlungsziel der Lieferanten = 14 Tage

- Lagerung der Fertigerzeugnisse = 10 Tage

- Zahlungsziel für die Kunden = 14 Tage

Zahlenstrahl zur dynamischen Kapitalbedarfsplanung

Ein Zahlenstrahl verdeutlicht die Problematik für einen typischen Industriebetrieb:

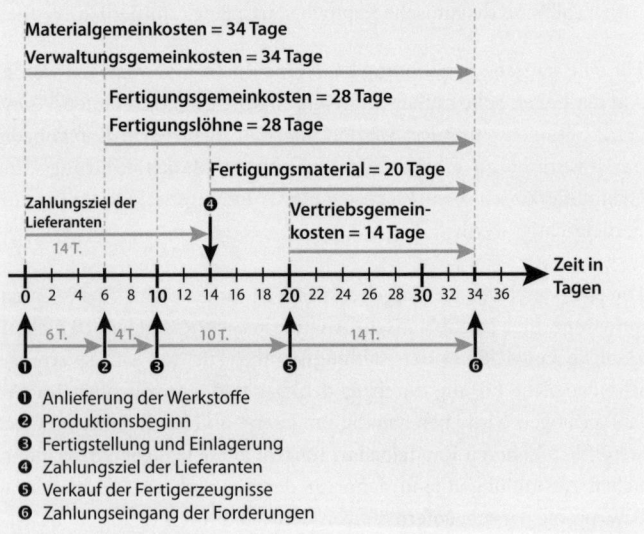

- ❶ Anlieferung der Werkstoffe
- ❷ Produktionsbeginn
- ❸ Fertigstellung und Einlagerung
- ❹ Zahlungsziel der Lieferanten
- ❺ Verkauf der Fertigerzeugnisse
- ❻ Zahlungseingang der Forderungen

Anhand dieser Werte kann für die jeweiligen Kostenelemente ermittelt werden, wie lange sie benötigt werden, bevor der erste Umsatzerlösrückfluss zu einer Finanzierung der Produktion führt. Die Ergebnisse sehen Sie in der Box oben. Multipliziert man dort die jeweilige Dauer

2

mit den täglichen Kosten erhält man die jeweiligen Kosten bis Rückfluss der Umsatzerlöse und damit den maximalen Kapitalbedarf.

Natürlich handelt es sich hierbei um ein stark vereinfachtes, schematisches Vorgehen. Trotzdem dürfte es die Problematik anschaulich darstellen. Für IHK-Prüfungen ist eine solche Vorgehensweise auch typisch und sollte immer zuerst mit einem Zahlenstrahl veranschaulicht werden.

Zahlenbeispiel zur dynamischen Kapitalbedarfsplanung

Wir gehen von den folgenden täglichen zahlungswirksamen Kosten aus:

- Fertigungsmaterial (FM) = 1.500 €/Tag
- zahlungswirksame Materialgemeinkosten (MGK) = 250 €/Tag
- Fertigungslöhne (FL) = 500 €/Tag
- zahlungswirksame Fertigungsgemeinkosten (FGK) = 150 €/Tag
- zahlungswirksame Verwaltungsgemeinkosten (VwGK) = 100 €/Tag
- zahlungswirksame Vertriebsgemeinkosten (VtGK) = 50 €/Tag

Mit den jeweiligen Zeiträumen multipliziert erhalten wir den folgenden Kapitalbedarf für das Umlaufvermögen:

■	Kapitalbedarfsermittlung	07/18		zahlungswirksame Kosten	
	in EUR	Abk.	Tage	€ pro Tag	€ Summe
1	Fertigungsmaterial	FM	20	1.500	30.000
2	+ Materialgemeinkosten	MGK	34	250	8.500
3	+ Fertigungslöhne	FL	28	500	14.000
4	+ Fertigungsgemeinkosten	FGK	28	150	4.200
5	+ Verwaltungsgemeinkosten	VwGK	34	100	3.400
6	+ Vertriebsgemeinkosten	VtGK	14	50	700
7	= Kapitalbedarf UV	–	–	2.550	60.800
8	+ Investitionssumme AV	–	–	–	315.000
9	= Kapitalbedarf insgesamt	–	–	–	375.800

2

2.3 Finanzierungsplanung

Wie beim allgemeinen Managementkreislauf lässt sich eine Systematik für die Finanzwirtschaft ableiten, die aus vier wesentlichen Stufen besteht:

- **Zielsystem (Ziele der Finanzierung)**: Zuerst müssen Ziele formuliert. Diese bestehen im Bereich der Finanzwirtschaft aus den Zielen des »Magischen Vierecks der Finanzierung«.

- **Planung** bzw. Analyse: Hier werden die Lage analysiert und Pläne erstellt. Dabei werden Investitionspläne und im Bereich der Finanzierung Kapitalbedarfs- und Liquiditätspläne erstellt.

- **Entscheidung**: Die möglichen Investitionspläne müssen bewertet werden. Die Investitionsrechnung erleichtert die fälligen Entscheidungen. Ebenso müssen die Finanzpläne umgesetzt werden. Hierfür stehen verschiedene Finanzierungsarten zur Auswahl.

- **Kontrolle**: Die Erreichung der Ziele muss ständig überprüft werden. Hierfür werden Kennzahlen verwendet.

Finanzierungsarten im Vergleich

Zu den wesentlichen Aspekten bei der Wahl der Finanzierungsart zählen:

F 2011/S1: A6c, 3 Pt.
H 2015/S1: A8a, 2 Pt.

- Kapitalbedarf – Höhe und Dauer

- Unternehmensgröße

- Zugang zu Kapitalmärkten und Bonität

- Gesellschafterstruktur (Anzahl, Finanzkraft, Homogenität usw.)

Dabei werden die zahlreichen Finanzierungsarten nach verschiedenen Kriterien unterschieden. Zunächst können Finanzierungsarten nach der **Rechtsstellung der Kapitalgeber** unterschieden werden. Dies ist gleichbedeutend mit der Frage wo sie in der rechten Seite der Bilanz auftauchen:

Finanzierungsarten im Überblick

Die 7 Gruppen von Finanzierungsarten lassen sich danach unterscheiden, ob sie dem Eigen- oder Fremdkapital zuzuordnen sind (Ausnahme: Mezzanines Kapital und Vermögensumschichtungen) und ob sie Innen- oder Außenfinanzierung darstellen.

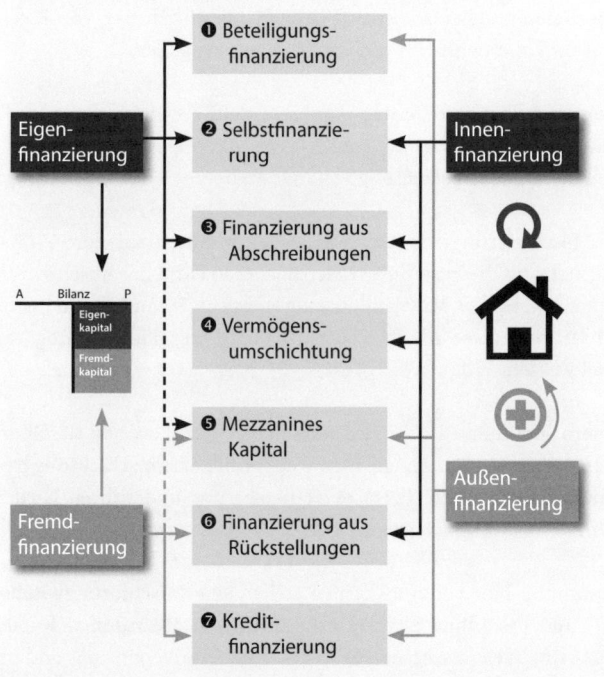

- **Eigenfinanzierung** betrifft alle Positionen des Eigenkapitals.

- **Fremdfinanzierung** bezieht sich entsprechend auf das Fremdkapital eines Unternehmens (Rückstellungen und Verbindlichkeiten).

Die für uns wesentlichere Unterscheidung ist die zwischen Innen- und Außenfinanzierung:

2

- Die **Innenfinanzierung** steht für alle Finanzierungsarten, bei denen kein zusätzliches Kapital von außen zugeführt werden muss, sondern das Kapital intern bereitgestellt wird.

- Bei der **Außenfinanzierung** werden hingegen zusätzliche Mittel von außen zugeführt.

❶ Die **Beteiligungsfinanzierung** steht für die Zuführung von Eigenkapital der Unternehmer bzw. Gesellschafter von außen.

❷ Bei der **Selbstfinanzierung** werden erzielte Gewinne nicht an die Gesellschafter ausgeschüttet, sondern im Unternehmen belassen und dienen damit der Finanzierung von Investitionen.

❸ Die **Finanzierung aus Abschreibungen** resultiert aus dem Zufluss von Mitteln durch Umsatzerlöse, denen aber in Form der Abschreibungen kein zeitgleicher Mittelabfluss entgegensteht. Somit können bis zur Neuinvestition diese Abschreibungsrückflüsse zur Finanzierung verwendet werden.

❹ Sofern bestimmte Vermögensbestandteile veräußert und damit andere erworben werden, spricht man von **Vermögensumschichtung** bzw. **Umfinanzierung**. Diese Form der Finanzierung findet ihren Niederschlag nur auf der Aktivseite der Bilanz (= **Aktivtausch**).

❺ Bestimmte Finanzierungsformen stellen eine Mischform zwischen Eigen- und Fremdfinanzierung dar. Zu diesem **Mezzaninen Kapital** zählen bspw. Genussscheine, die durch eine feste Verzinsung und zudem eine gewinnabhängige Komponente gekennzeichnet sind.

❻ Die **Finanzierung aus Rückstellungen** resultiert aus der Tatsache, dass Rückstellungen zukünftige, voraussichtliche Auszahlungen darstellen, die aber bis dahin als Finanzierungsquelle dienen können. So sind Pensionsrückstellungen Schulden gegenüber den Mitarbeitern.

❼ Die klassische **Kreditfinanzierung** kann mittel- bis langfristig in Form von Darlehen oder Anleihen und kurzfristig bspw. in Form von Kontokorrentkrediten erfolgen.

Wie uns die Abbildung oben veranschaulicht, sind Fremd- und Außenfinanzierung nicht deckungsgleich. Dies zeigt sich bspw. bei der Finanzierung aus Rückstellungen, die zwar eine Fremdfinanzierung, aber keine Außenfinanzierung darstellt. Entsprechend sind Eigen- und Innenfinanzierung nicht identisch.

2.3.1 Fremdfinanzierung

Zunächst lassen sich Finanzierungsarten nach der Rechtsstellung der Kapitalgeber (Passivseite der Bilanz) unterscheiden:

* Die **Eigenfinanzierung** steht für alle Mittel, die dem Unternehmen von den Gesellschaftern als haftendes Eigenkapital zur Verfügung gestellt werden.

* Die **Fremdfinanzierung** steht für alle Mittel, die dem Unternehmen von Dritten zur Verfügung gestellt werden. Neben Bankdarlehen, Lieferantenschulden und Umsatzsteuerschulden zählen dazu auch bspw. Pensionsrückstellungen.

Kriterium	Eigenkapital	Fremdkapital
Rechtsstellung des Kapitalgebers	Eigentümer oder Gesellschafter	Gläubiger
Geschäftsführung	als Gesellschafter direkt (bspw. OHG) oder indirekt (bspw. AG)	kein Stimmrecht
Verzinsung des Kapitals	Gewinnausschüttung (wenn es gut läuft!)	feste Zinsen auf Fremdkapital
Laufzeit	unbegrenzt	zeitlich befristet
Haftung	mit Einlage oder Privatvermögen	keine Haftung, evtl. Kreditausfall

Kreditfinanzierung

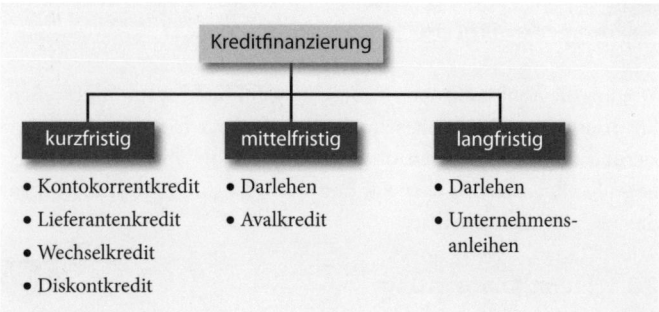

Kontokorrentkredit

Speziell für kurzfristigen, stark schwankenden Fi- H 2013/S1: A1a, 4 Pt.
nanzierungsbedarf sind Kontokorrentkredite geeignet. In diesen Fällen
müssen weder Sie noch das Unternehmen immer neu mit der Bank
diese kurzfristigen Finanzierungslücken mit der Bank durch Darlehen
absprechen. Die Bank räumt Ihnen und den Unternehmen ein gewisses
Kreditlimit ein – den sogenannten Kontokorrentkredit. Die **Vorteile** liegen dabei in einer unbürokratischen und variablen Kreditinanspruch-
nahme (kann also bei kurzfristiger Inanspruchnahme günstiger sein).
Zudem kann er jederzeit getilgt werden. **Nachteile**: Gegenüber Darlehen muss allerdings mit höheren Zinsen gerechnet werden. Zudem
kann die Bank dieses Limit jederzeit kündigen.

Lieferantenkredit

Hier gewähren Lieferanten ihren Kunden Zah- H 2014/S1: A6c, 3 Pt.
lungsziele von wenigen Wochen bis zu vielen Monaten. Damit Kunden
nicht ihr volles Zahlungsziel ausnutzen, gewähren Lieferanten bei vor-
zeitiger Zahlung eine Kürzung des Rechnungsbetrags (= Skonto). In
Rechnungen steht klein gedruckt bspw. »Zahlbar in 30 Tagen. Bei Zahlung innerhalb von 10 Tagen 2 % Skonto.«

2

Zahlenbeispiel zur Frage der Inanspruchnahme von Skonto

Ein Industriebetrieb erhält eine Rechnung über 100 T€ mit dem Zusatz: »Zahlbar innerhalb von 30 Tagen. Bei Zahlung innerhalb von 10 Tagen 2 % Skonto.« Der Kontokorrentkreditsatz des Industriebetriebs bei der Hausbank beträgt 8 %.

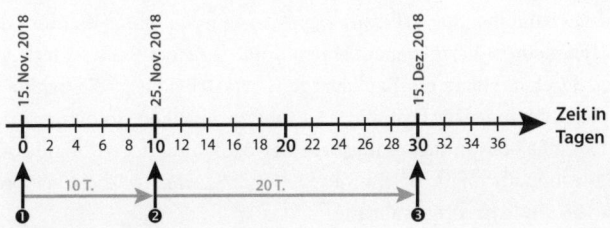

❶ Anlieferung der Waren
❷ Zahlungszeitpunkt bei Ausnutzung von Skonto
❸ endgültiges Zahlungsziel

25. Skonto = 2 % von 100.000 € = 2.000 €

26. Zinsen $= \dfrac{98.000 € \cdot 8\% \cdot 20\,\text{Tage}}{100\% \cdot 360\,\text{Tage}} = 435,56 €$

27. Vorteil Skonto = 2.000 € - 435,56 € = 1.564,44 €

28. Zinssatz des Skontos $= \dfrac{2\% \cdot 360\,\text{Tage}}{20\,\text{Tage}} = 36\%$

29. Zinssatz des Skontos $= \dfrac{2\% \cdot 360\,\text{Tage} \cdot 100\%}{20\,\text{Tage} \cdot 98\%} = 36,73\%$

Lohnt sich also die Inanspruchnahme von Skonto? In unserem Fall liegt der Vorteil durch Skonto bei 1.564,44 €. Dabei lohnt sich Skonto im Normalfall; sofern die Laufzeit nicht enorm lang ist, bzw. der Zinssatz der Hausbank nicht sehr hoch ist. Es kann auch der Zinssatz berechnet werden, bis zu dem sich die Inanspruchnahme eines Kontokorrentkredits rechnet. Auch hier sehen wir einen eindeutigen Vorteil von Skonto. Der Zinssatz der Hausbank ist mit 8 Prozent sehr viel günstiger als 36,73 Prozent (bzw. 36 Prozent der **Näherungslösung**).

2

Avalkredit

Bei Avalkrediten handelt es sich nicht um Kredite im geläufigen Sinne. Die Bank verleiht hier zunächst kein Geld. Vielmehr verspricht die Bank im Fall eines Kreditbedarfs, diesen unter bestimmten Voraussetzungen zu gewähren. Dabei geht es vor allem um die Außenwirkung dieser Kreditleihe. So wird bspw. als Alternative zu einer Kaution, die ein Mieter einem Vermieter auf einem Konto bei einer Bank hinterlegen muss, durch die Bank ein Bankaval gewährt. Dabei bürgt die Bank ggf. dem Kreditnehmer die bestimmte Summe zu verleihen. Somit muss der Mieter keine bestimmte Summe bei einer Bank hinterlegen. Stattdessen zahlt er monatlich eine bestimmte (geringe) Summe für diese versprochene bedingte Kreditgewährung.

Darlehen

Darlehen werden für gewöhnlich von Banken gewährt und sind durch feste Zinssätze und eine bestimmte Laufzeit definiert. Dabei werden kurz-, mittel- und langfristige Varianten unterschieden. Im Bankbereich werden zahlreiche **Darlehensvarianten** unterschieden. Zur Erläuterung gehen wir von einem Darlehen in Höhe von 100.000 € aus, dessen Laufzeit fünf Jahre beträgt und zu 5 Prozent verzinst wird. Für uns sind drei grundlegende Varianten von Bedeutung:

a) Fälligkeitsdarlehen bzw. endfälliges Darlehen

H 2016/S1: A3b, 2 Pt.

n	Zins- und Tilgungsplan Fälligkeitsdarlehen			
	Anfangsschuld	**Zins**	**Tilgung**	**Rate**
1	100.000,00	5.000,00	–	5.000,00
2	100.000,00	5.000,00	–	5.000,00
3	100.000,00	5.000,00	–	5.000,00
4	100.000,00	5.000,00	–	5.000,00
5	100.000,00	5.000,00	100.000,00	105.000,00
Σ		–	25.000,00	100.000,00	125.000,00

FHS-Verlag.de
Fachbuchverlag Holger Stöhr

Beim **Fälligkeitsdarlehen** wird die Kreditsumme während der Laufzeit nicht getilgt und vollständig zum Ende der Laufzeit zurückgezahlt. Die regelmäßigen Raten bestehen demnach nur aus dem konstant bleibenden Zinsanteil.

b) Tilgungsdarlehen

Das **Tilgungsdarlehen** ist durch eine gleichmäßige Tilgung gekennzeichnet. Die zu zahlende Rate setzt sich aus einem konstanten Tilgungsanteil und sinkenden Zinsen zusammen. Da der Zinsanteil aufgrund der sinkenden Restschuld während der Laufzeit sinkt, sinkt auch die zu zahlende Rate.

H 2011/S1: A3b, 4 Pt.
H 2013/S1: A1b, 3 Pt.
H 2016/S1: A3a, 4 Pt.

■ Zins- und Tilgungsplan Tilgungsdarlehen			
n	Anfangsschuld	Zins	Tilgung	Rate
1	100.000,00	5.000,00	20.000,00	25.000,00
2	80.000,00	4.000,00	20.000,00	24.000,00
3	60.000,00	3.000,00	20.000,00	23.000,00
4	40.000,00	2.000,00	20.000,00	22.000,00
5	20.000,00	1.000,00	20.000,00	21.000,00
Σ	–	15.000,00	100.000,00	115.000,00

Da schon regelmäßig getilgt wird, ist die Zinsbelastung geringer als beim Fälligkeitsdarlehen.

c) Annuitätendarlehen

Ein **Annuitätendarlehen** hat hingegen eine gleichbleibende Rate, die sich aus anfänglich relativ hohen Zinsen und einem Tilgungsanteil zusammensetzt. Im Laufe der Zeit nimmt der Zinsanteil aufgrund der sinkenden Restschuld ab, wodurch automatisch der Tilgungsanteil steigt.

H 2011/S1: A3b-c, 5 Pt.
H 2013/S1: A1b, 3 Pt.
H 2015/S1: A9d, 4 Pt.
H 2016/S1: A3b, 2 Pt.

Wie berechnet man indessen diese Rate (=Annuität)? Da beim Annuitätendarlehen gleichbleibende Raten (Renten) betrachtet werden, können wir wiederum unseren Barwertfaktor zur Berechnung benutzen:

2

30. $\text{Annuität} = \dfrac{\text{Kreditsumme}}{\text{BWF}}$

Wenn wir einen Kredit in Höhe von 100.000 € aufnehmen, dessen Laufzeit fünf Jahre beträgt und der zu 5 Prozent verzinst werden soll, dann erhalten wir zunächst den Barwertfaktor und damit die jährliche Rate (= Annuität):

31. $\text{BWF} = \dfrac{q^n - 1}{q^n \cdot (q - 1)} = \dfrac{1,05^5 - 1}{1,05^5 \cdot (1,05 - 1)} = 4,32947667$

32. $\text{Annuität} = \dfrac{\text{Kreditsumme}}{\text{BWF}} = \dfrac{100.000\ €}{4,32947667} = 23.097,48\ €$

Zur Verdeutlichung der Zins- und Tilgungsplan:

■ Zins- und Tilgungsplan Annuitätendarlehen				
n	Anfangsschuld	Zins	Tilgung	Rate
1	100.000,00	5.000,00	18.097,48	23.097,48
2	81.902,52	4.095,13	19.002,35	23.097,48
3	62.900,17	3.145,01	19.952,47	23.097,48
4	42.947,69	2.147,38	20.950,10	23.097,48
5	21.997,60	1.099,88	21.997,60	23.097,48
Σ		–	15.487,40	100.000,00	115.487,40

Rating und Basel

Wie nicht zuletzt die jüngsten Finanzkrisen zeigen, H 2013/S1: A2a-d, 15 Pt. neigen Banken dazu, in wirtschaftlich prosperierenden Zeiten allzu leichtfertig Kredite zu vergeben. Wenn sich dann die wirtschaftliche Lage verschlechtert und zahlreiche Kreditnehmer nicht mehr in der Lage sind, ihre Kredite zu tilgen, können auch einzelne oder gar viele Banken in die Schieflage geraten. Da nun aber ein funktionierendes Bankensystem ein zentraler Baustein einer wohlhabenden modernen Volkswirtschaft ist, wird das Bankensystem als systemrelevant bezeich-

                   FHS-Verlag.de
Fachbuchverlag Holger Stöhr

2

net. Daher muss es geschützt werden und der Staat sollte Banken davon abhalten, in eine Finanzkrise zu geraten.

Zu diesem Zweck unterliegen Banken einer ganz besonders intensiven Aufsicht. Da es trotzdem zu diesen verheerenden Finanzkrisen kommen konnte, besteht hier immer noch Handlungsbedarf.

Der Kern der Lösung liegt dabei in der absoluten und relativen Höhe des **Eigenkapitals** begründet. Dieses ist wie bei anderen Unternehmen auch der Puffer für mögliche verlustbehaftete Geschäfte. Sollten also bspw. zahlreiche Schuldner von Immobilienkrediten nicht mehr in der Lage sein, diese zu bedienen und sorgt gleichzeitig ein Wertverlust am Immobilienmarkt zu keinem zufriedenstellenden Ausgleich durch die Besicherung der Kredite durch Grundpfandrechte, ist das Eigenkapital die letzte Hürde vor dem Zusammenbruch der Bank. Daher konzentrieren sich die meisten Vorschläge zur langfristigen Stabilisierung des Finanzsektors auf das **notwendige Eigenkapital der Banken**. Insbesondere die Bank für internationalen Zahlungsausgleich (BIZ) mit ihrem Sitz in Basel hatte in den letzten Jahrzehnten Vorschläge und internationale Übereinkünfte erzielt, die das Bankensystem sicherer machen sollten:

- Nach einer beinahe verheerenden Finanzkrise in Süd- und Mittelamerika in den 80er-Jahren des 20. Jahrhunderts wurde **Basel I** beschlossen. Dieses sah vor, dass Banken nur maximal das 12,5-fache der vorhandenen Eigenkapitalsumme als Kredit vergeben können. Somit entspricht der Puffer bei möglichen Verlustgeschäften genau dem Kehrwert von 8 %.

- Da hierbei allerdings alle Kredite – ob riskant oder risikolos – gleich behandelt werden, hat man in den 90er-Jahren **Basel II** beschlossen. Dieses Übereinkunft basiert auf 3 Säulen:

  - Zwar soll die **Besicherung** nach wie vor bei durchschnittlich **8 %** der Kreditsumme liegen. Konkret hängt aber diese Besicherung nun von der Risikolage der ausstehenden Kredite ab. Sofern eher riskante Kredite vergeben werden, steigt der hierfür erforderliche Prozentsatz an. Bei sehr sicheren Krediten sinkt er.

- Hierfür ist ein entsprechendes **Rating** der Kreditnehmer erforderlich und vorgeschrieben. Dieses kann **intern** von der kreditgebenden Bank oder **extern** von speziellen **Ratingagenturen** vorgenommen werden.

- Zur **Transparenz** der Kreditvergabe müssen alle Kredite der einzelnen Banken nach einem einheitlichen und der Bankenaufsicht einsehbaren Schema bewertet (= Rating) werden.

- Nachdem die Finanzkrise trotz der Umsetzung von Basel II im letzten Jahrzehnt (nicht in den USA!) stattfinden konnte und man die zahlreichen Regulierungslücken beklagte (bspw. Staatsanleihen waren nicht durch Eigenkapital zu besichern) drehen sich die zukünftigen Schritte (**Basel III** etc.) um die Schließung dieser Regulierungslücken und möglichst die Erhöhung des Besicherungsprozentsatzes.

Wesentlicher Aspekt der Sicherheit und Stabilität des Finanzsystems ist somit das **Rating** (= Notenvergabe) der Kreditnehmer durch Banken oder externe Ratingagenturen. Dieses wird dabei von den Banken bzw. Ratingagenturen jeweils nach einem für das Institut einheitlichen Schema vorgenommen. In diese Notenvergabe sollen sowohl harte als auch weiche Faktoren einbezogen werden. Zu **harten Faktoren** zählen:

- Verschuldungsquoten (Eigenkapitalquote...)

- Liquiditätsquoten

- Rentabilitätskennziffern und sonstige messbare Faktoren

Zu den nicht messbaren **weichen Faktoren** zählen u. a.:

- Organisation

- Branchenlage

- Nachfolgeregelungen bei Familienunternehmen usw.

Factoring

2

Zu den Sonderformen der Finanzierung zählen das   H 2014/S1: A6a-b, 9 Pt.
Factoring, das *Leasing* und *Asset backed securities*.

Im BGB ist die **Zession** (= Forderungsabtretung) geregelt. Diese ermöglicht die Forderungsabtretung von einem Unternehmer an einen anderen. So kann ein Unternehmen A, das Lieferantenschulden gegenüber einem Unternehmen B in Höhe von 30 T€ hat, diese durch die Abtretung von eigenen Forderungen gegenüber einem Unternehmen C in Höhe von 25 T€ zumindest teilweise begleichen. Hierbei handelt es sich also um einzelne Forderungen die abgetreten werden. Das **Factoring** ist die professionelle Variante der Zession. Hierbei spezialisiert sich ein Unternehmen A auf den Aufkauf von Forderungen anderer Unternehmen – bspw. von Unternehmen B. Dabei kauft das Unternehmen A vom Unternehmen B eine gewisse Anzahl von Forderungen auf und übernimmt dabei die Forderungen. Das Unternehmen B erhält dabei vom Unternehmen A natürlich nicht die gesamte Forderungssumme.

Die **Vorteile des Factorings** aus Sicht des Unternehmens B liegen in den folgenden **Funktionen** begründet:

- **Finanzierungsfunktion**: Durch den Aufkauf der Forderung durch Unternehmen A erhält Unternehmen B schon vor der Fälligkeit der Forderungen einen Gegenwert. Diese Verzinsung der Forderungen bis zur Fälligkeit zieht das Factoring-Institut von der Forderungssumme ab, die es dem Unternehmen B auszahlt.

- **Delcrederefunktion (Risikoübernahme)**: Das Factoring-Institut A übernimmt das Risiko des Forderungsausfalls. Auch hier wird der erwartete durchschnittliche Forderungsausfall von der Forderungssumme abgezogen. Das Factoring-Institut prüft allerdings zunächst alle Forderungen und sortiert für gewöhnlich allzu unsichere aus.

- **Dienstleistungsfunktion**: Durch die Abtretung der Forderungen hat das Unternehmen B weniger Verwaltungsaufwendungen (bspw.

2

Mahnwesen). Diese Kosten werden ebenfalls von der Forderungs-summe abgezogen.

Zwar sind alle drei Funktionen zweifelsohne die wesentlichen Vorteile des Factorings. Gleichzeitig liegen darin auch die **Nachteile** begründet:

- Die **Kosten des Factorings** sind nicht zu unterschätzen. Alle drei Funktionen werden vom Factoring-Institut in Rechnung gestellt und von der Forderungssumme abgezogen. Zudem wird ein Ge-winnzuschlag einkalkuliert sein. Somit ist das Factoring teuer.

- Es besteht eine gewisse Abhängigkeit vom Factoring-Institut.

- Die Abtretung der Forderung mag das Image des Unternehmens B beschädigen. Das hängt allerdings von der jeweiligen Branche ab. Sofern es in einer Branche weitverbreitet ist (bspw. Arztpraxen), dürfte das nicht weiter problematisch sein.

Verschiedene **Formen des Factorings**: 1. **echtes Factoring** inkl. aller Funktionen und 2. **unechtes Factoring** ohne die Delcrederefunktion

Leasing

Leasing (engl. > mieten, pachten) ist eine spezielle Form der Miete bzw. Pacht und dient der Finanzie-rung von Anlagevermögen. Dabei mietet der Lea-singnehmer vom Leasinggeber einen Vermögens-

F 2012/S1: A3a-b, 6 Pt.	
H 2013/S1: A1c, 3 Pt.	
H 2015/S1: A8d, 6 Pt.	
H 2016/S1: A3a, 2 Pt.	

gegenstand (bspw. eine Maschine) und zahlt monatliche Leasingraten und kann häufig anschließend den Vermögensgegenstand erwerben. Daher wird Leasing auch manchmal als Mietkauf bezeichnet. Zahlrei-che Formen/Varianten des Leasings werden unterschieden:

- Sofern der Hersteller des Vermögensgegenstandes auch gleichzeitig der Leasinggeber ist, spricht man von **direktem Leasing** bzw. Her-stellerleasing. Dies erfolgt zumeist in Form eines speziell hierfür ge-gründeten Tochterunternehmens. Diesen Fall findet man bspw. bei Automobilherstellern. Leasing wird hierbei als eine Form der ver-

2

kaufssteigernden Strategien gesehen und kann ggf. zu günstigeren Konditionen führen.

- Beim **indirekten Leasing** ist der Leasinggeber ein vom Hersteller unabhängiges Unternehmen und kann daher auch Vermögensgegenstände von verschiedenen Herstellern anbieten. Darin liegt auch der Vorteil: Der Leasingnehmer hat eine größere Auswahl.

- In der Form des **Vollamortisationsleasings** (bspw. Finanzierungsleasing) werden während der Grundlaufzeit die ganzen Kosten (Kauf + Zinsen), die dem Leasinggeber entstehen, durch den Leasingnehmer getragen, jedoch ohne eine automatische Eigentumsübertragung auf den Leasingnehmer. Der Restwert steht dem Leasinggeber zu, den er bspw. durch einen Verkauf an den Leasingnehmer in Gewinn umwandeln kann.

- Beim **Teilamortisationsleasing** (bspw. operatives Leasing) kommt der Leasinggeber während der Grundlaufzeit noch nicht auf seine Kosten. Daher sollte es sich um einen allgemein verkäuflichen Gegenstand handeln, der anschließend an weitere Kunden weiterverkauft oder -verleast werden kann.

- Das häufige **Finanzierungsleasing** ist durch eine feste Grundlaufzeit gekennzeichnet, in der eine Kündigung des Leasingvertrages durch den Leasingnehmer ausgeschlossen ist. Der Leasingnehmer trägt zudem die Wartungskosten. Im Anschluss an diese Grundlaufzeit kann je nach Vertrag der Gegenstand weiter geleast oder gekauft werden. Diese Form ist insbesondere für Spezialmaschinen gedacht, die anschließend nicht an andere Kunden weitergereicht werden können. Daher sollte eine Vollamortisation für den Leasinggeber erfolgen.

- Beim **operativen Leasing** liegt entweder eine sehr kurze Grundmietzeit vor, oder der Leasingvertrag kann jederzeit gekündigt werden. Die Wartung übernimmt der Leasinggeber. Diese Form des Leasings ist bspw. für EDV-Ausrüstung geeignet, die danach vom Leasinggeber an andere Kunden verleast oder verkauft wird. Es findet demnach keine Vollamortisation statt.

- **Sale-and-Lease-Back:** Bei dieser Form des Leasings verkauft ein Unternehmen oder auch eine Gebietskörperschaft (bspw. eine Stadt) zunächst Teile ihres Vermögens an die Leasinggesellschaft und mietet diese dann anschließend zurück. So könnte bspw. eine Stadtverwaltung die in ihrem Eigentum befindlichen Straßenbahnen verkaufen und anschließend zur weiteren Nutzung zurückmieten. Der große Vorteil liegt in der kurzfristig hohen Liquiditätszufuhr. Der aber wohl zumeist überwiegende Nachteil liegt in den dauerhaften (hohen) Leasingraten.

Zur abschließenden Beurteilung des Leasings muss dieses mit der häufigsten Alternative verglichen werden – dem Kauf des Vermögensgegenstandes mit Kreditfinanzierung. Da es aber viele Leasingvarianten gibt, kann hier kein allgemeines **Fazit** gezogen werden. **Im Normalfall ist Leasing allerdings teurer als ein vergleichbarer Kauf mit Kreditfinanzierung.**

Leasing	
Vorteile	**Nachteile**
• neueste Betriebsausstattung bei kurzfristigen Verträgen • geschönte Bilanzkennzahlen • feste Kalkulationsgrundlage • Leasingraten als Betriebsausgaben steuerlich absetzbar	• im Normalfall ist Leasing teurer als ein vergleichbarer Kauf mit Kreditfinanzierung • keine steuerlichen Abschreibungsmöglichkeit • kein Eigentum an der Sache

Asset backed securities

Bei Asset backed securities gründet ein Unternehmen A eine Zweckgesellschaft B, und übertragt dieser einen Teil ihres eigenen Vermögens. Im Gegenzug gibt die Zweckgesellschaft Anteilscheine (Wertpapiere) heraus. Diese Wertpapiere kann das Unternehmen A behalten oder verkaufen. Die Zweckgesellschaft B verwaltet das Vermögen (Aktien, Immobilien, Kreditforderungen etc.) und schüttet die Überschüsse an die Inhaber der Wertpapiere aus.

2.3.2 Sicherheiten bei Fremdfinanzierungen **2**

Zur Gewährung eines Kredites erwarten Banken H 2015/S1: A8b, 3 Pt.
bzw. Lieferanten eine Absicherung im Falle eines Zahlungsausfalls der
Kreditnehmer. Hier wird zwischen dinglichen und persönlichen Sicherheiten unterschieden. Zu den dinglichen Sicherheiten zählen zunächst
Grundpfandrechte, die dem Kreditgeber bei Immobilienkrediten und
beim Zahlungsausfall des Kreditnehmers den Zugriff auf die Immobilie
gewähren. Dabei werden zwei Varianten unterschieden, die beide ins
Grundbuch eingetragen werden:

- Bei einer **Hypothek** gewährt eine Bank einen Immobilienkredit an
  einen Grundeigentümer, der diesen Kredit mit dem Grundstück/
  Gebäude besichert. Sofern der Kredit getilgt ist, erlischt die Hypothek. Diese Bindung der Hypothek an den Kredit wird als **akzessorisch** bezeichnet.

- Die **Grundschuld** ist vom Prinzip gleich, nur erlischt sie nicht bei
  Tilgung des Kredits. Das bedeutet nicht, dass der Kreditnehmer
  nach vollständiger Tilgung seines Darlehens noch eine Schuld
  gegenüber einer Bank hat. Aber der große Vorteil liegt darin, dass er
  relativ unbürokratisch und kostengünstig einen neuen Kredit aufnehmen kann, der durch die bestehende Grundschuld abgedeckt
  ist. Die Trennung von Kredit und Grundschuld wird als **fiduziarisch** bezeichnet.

Nicht nur Banken möchten sich bei Darlehen absichern. Auch Lieferanten beabsichtigen eine Absicherung ihrer Lieferantenkredite:

- Beim **Eigentumsvorbehalt** bleibt der Lieferant (bspw. einer Maschine) so lange Eigentümer, bis der Käufer den Kaufpreis vollständig
  beglichen hat. Der Käufer der Maschine wird nur Besitzer und kann
  daher die Maschine zwischenzeitlich nutzen. Als Sonderfälle gibt
  es den erweiterten Eigentumsvorbehalt, bei dem sich das Eigentum
  auch auf eine verarbeitete Ware ausdehnt, sowie den verlängerten
  Eigentumsvorbehalt, bei dem sich das Eigentum auch auf Forderungen aus dem Verkauf der Gegenstände erstreckt.

2

- Bei der **Verpfändung** (Pfandrecht) von Wertgegenständen übergibt der Kreditnehmer den Wertgegenstand als Sicherheit für den Kredit. Das gleiche Prinzip wird im Pfandhaus angewandt: Sie hinterlegen Ihre Uhr und bekommen einen geringeren Gegenwert als Kredit ausbezahlt. Das ist nur bei nicht betriebsnotwendigen Vermögensgegenständen sinnvoll. Sofern die Maschine zur Produktion von Gütern benötigt wird, entfällt diese Variante. Insbesondere die Verpfändung von Wertpapieren (Lombardierung) wird dabei von Banken intensiv genutzt.

- Für betriebsnotwendige Vermögensgegenstände könnte eine Bank zur Sicherheit auch die Form der **Sicherungsübereignung** wählen. Hier gewährt die Bank dem Industriebetrieb einen Kredit. Dieser besichert diesen Kredit mit seinen Maschinen. Da er diese zur Produktion benötigt, kann er sie nicht verpfänden. Daher überträgt er nur das Eigentum an die Bank – Besitzer bleibt er selbst. Da bei einer Eigentumsübertragung für gewöhnlich eine Einigung mit Übergabe erforderlich ist, diese aber bei Maschinen sinnfrei ist, wird das sogenannte **Besitzkonstitut** gewählt – Eigentumsübertragung ohne Besitzübergabe.

Zu den **persönlichen Sicherheiten** werden hingegen die folgenden Möglichkeiten gerechnet:

- **Bürgschaften** sind durch das zusätzliche Versprechen von weiteren natürlichen Menschen gekennzeichnet, im Falle eines Zahlungsausfalls des Kreditnehmers für diesen einzuspringen. Bürgschaften sind **akzessorisch** und hängen von einer bestehenden konkreten Forderung ab. Dabei werden zwei Formen unterschieden:

  - Bei der **Ausfallbürgschaft** steht dem Bürgen das Recht auf *Einrede der Vorausklage* (§771 BGB) zu. Somit kann er vom Gläubiger (der Bank) verlangen, dass er zuerst eine Zwangsvollstreckung gegenüber dem Hauptschuldner vornimmt.

  - Bei der selbstschuldnerischen Bürgschaft verzichtet der Bürge auf das Recht der *Einrede der Vorausklage*. Diese Form wird von Banken aus ersichtlichem Grunde bevorzugt.

- **Garantien** sind vom Prinzip den Bürgschaften ähnlich, sind aber nicht von einer konkreten Forderungsposition abhängig und damit **fiduziarisch**.

- **Patronatschaften** werden für gewöhnlich im Rahmen eines Konzerns von Muttergesellschaften für die jeweiligen Tochtergesellschaften abgegeben und entsprechen dabei zumeist einer Garantie.

2.3.3 Mezzanines Kapital

Für gewöhnlich können die Finanzierungsarten   F 2018/S1: A3a-b, 10 Pt.
klar danach unterschieden werden, ob sie dem Eigen- oder dem Fremdkapital zuzurechnen sind. Sofern dies nicht möglich ist, handelt es sich um das sogenannte **Mezzanine Kapital** (ital. mezzo = halb). Zu diesen Zwischenformen zählen:

- **Stille Beteiligung**: Der stille Gesellschafter kann am Gewinn beteiligt werden. Eine Verlustbeteiligung kann ausgeschlossen werden. Damit haben wir schon eine Mischung aus Eigen- und Fremdfinanzierung. Vorsicht: Nicht jede Form der stillen Beteiligung stellt Mezzanines Kapital dar.

- **Genussscheine** stellen ebenfalls eine Mischung aus Eigenkapital (Gewinnbeteiligung) und Fremdfinanzierung (kein Mitspracherecht, feste Verzinsung) dar. Auch hier gibt es zahlreiche Varianten.

- **Nachrangdarlehen** und **Gesellschafterdarlehen**

- **Wandel- und Optionsschuldverschreibungen**

Mezzanines Kapital	
Vorteile	**Nachteile**
• Stärkung des Eigenkapitals u. bessere Kreditwürdigkeit • langfristige Kapitalüberlassung ohne Mitsprache • bessere Finanzstruktur und Bilanzkennzahlen	• Kosten für gewöhnlich höher als herkömmliche Bankkredite (aufgrund der Nachrangigkeit) • nicht so auf unbestimmte Zeit wie Eigenkapital überlassen

2

2.3.4 Eigenfinanzierung

Selbstfinanzierung

Im Gegensatz zur Außenfinanzierung fließen dem ⟶ H 2015/S1: A8c, 6 Pt.
Unternehmen bei der Innenfinanzierung keine zusätzlichen Mittel von
außen zu. Korrekterweise müsste man eigentlich ergänzen, dass keine
Mittel von außen zum Zwecke der Finanzierung zufließen. Denn auch
bei den verschiedenen Formen der Innenfinanzierung muss Geld von
außen durch Erlöse zufließen. Aber diese Zuflüsse erfolgen eben nicht
zum Zweck der Finanzierung.

Bei der **Selbstfinanzierung** werden zwei Formen unterschieden:

- Bei der **offenen Selbstfinanzierung** werden in der GuV ermittelte
  und ausgewiesene Gewinne nicht an die Gesellschafter ausgeschüttet (bspw. Dividende bei Aktiengesellschaften), sondern im Unternehmen zum Zwecke der Finanzierung als Bilanzgewinn belassen
  und erhöhen damit das Eigenkapital. Damit handelt es sich auch
  um eine Form der **Eigenfinanzierung**. Ein etwas peinlicher Wich-
  tigtuerbegriff hierfür wäre **Gewinnthesaurierung** (thesaurieren >
  Geld horten), der aber nicht mehr aussagt als Nicht-Ausschüttung
  von Gewinnen.

- Sofern **stille Reserven** gebildet werden, werden nicht alle tatsächlich erzielten Gewinne ausgewiesen und werden dann für gewöhnlich auch nicht ausgeschüttet. Diese Form der **stillen Selbstfinanzierung** kann einerseits im Rahmen der gesetzlichen Möglichkeiten vom Vorstand bewusst eingesetzt werden, um eigene Mittel
  im Unternehmen zu behalten. Es muss aber bedacht werden, dass
  aufgrund der handelsrechtlichen Bilanzvorschriften im HGB in
  Deutschland automatisch stille Reserven gebildet werden müssen.
  So fordert das **Vorsichtsprinzip** eine Berücksichtigung von noch
  nicht realisierten Verlusten. Noch nicht realisierte Gewinne dürfen
  aber nicht ausgewiesen werden.

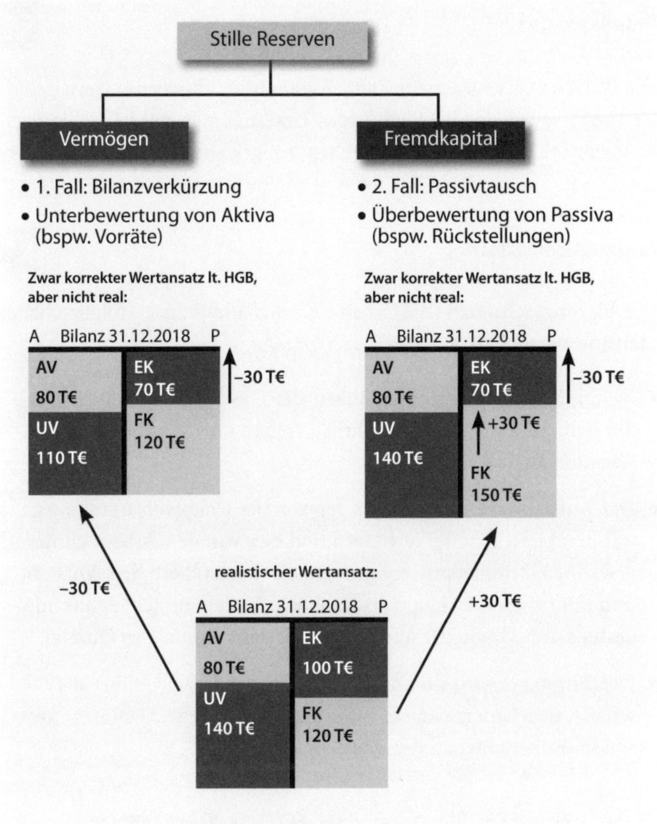

Stille Reserven

Vermögen

- 1. Fall: Bilanzverkürzung
- Unterbewertung von Aktiva
  (bspw. Vorräte)

Zwar korrekter Wertansatz lt. HGB, aber nicht real:

A	Bilanz 31.12.2018	P
AV 80 T€	EK 70 T€	
UV 110 T€	FK 120 T€	

–30 T€

Fremdkapital

- 2. Fall: Passivtausch
- Überbewertung von Passiva
  (bspw. Rückstellungen)

Zwar korrekter Wertansatz lt. HGB, aber nicht real:

A	Bilanz 31.12.2018	P
AV 80 T€	EK 70 T€	
UV 140 T€	+30 T€ FK 150 T€	

–30 T€

–30 T€

realistischer Wertansatz:

A	Bilanz 31.12.2018	P
AV 80 T€	EK 100 T€	
UV 140 T€	FK 120 T€	

+30 T€

+30 T€

Es gibt grundsätzlich zwei Möglichkeiten der Bildung von stillen Reserven:

- Unterbewertung der Aktiva

- Überbewertung der Schulden (insbesondere Rückstellungen)

Zu den **Vorteilen der Selbstfinanzierung** zählen: 1. verbesserte Bilanzkennzahlen, 2. höhere Kreditwürdigkeit, 3. keine Kapitalbeschaffungskosten (bspw. Gebühren), 4. keine Zins-/Dividendenbelastung.

2

Beteiligungen

Die Zuführung von neuem Kapital von außen durch die Gesellschafter zum Zwecke der Beteiligung am Unternehmen wird Beteiligungsfinanzierung genannt. Je nach Rechtsform gestaltet sich das sehr unterschiedlich.

Aktiengesellschaft

Die **Aktiengesellschaft (AG)** ist eine Kapitalgesellschaft – folglich haftet niemand persönlich. Sie besitzt drei Organe:

- In der **Hauptversammlung** sitzen die Gesellschafter (Aktionäre), die sich zumindest einmal jährlich treffen und grundlegende Entscheidungen fällen.

- Der **Aufsichtsrat** setzt sich aus den von der Hauptversammlung gewählten Gesellschaftervertretern und den von den Arbeitnehmern gewählten Mitgliedern zusammen. Er kontrolliert den Vorstand und informiert die Hauptversammlung. Zudem besteht er aus mindestens drei Mitglieder und tagt mindestens einmal pro Quartal.

- Der **Vorstand** wird durch den Aufsichtsrat bestellt, führt die Geschäfte des Unternehmens und vertritt das Unternehmen nach außen. Er berichtet an den Aufsichtsrat.

Zu den spezifischen Elementen einer AG (bzw. KGaA) zählen:

- **Stammaktien** stellen die gewöhnlichste Form der Aktien dar. Sie gewähren u. a. volles Stimmrecht und Dividende. **Vorzugsaktien** haben zunächst mal einen Nachteil: Sie haben kein Stimmrecht. Dieser Nachteil wird zumeist durch den Vorteil einer höheren Dividende ausgleichen.

- Die traditionelle Aktie in Deutschland hat einen festen Nennwert, der auch auf der Aktienurkunde der **Nennwertaktien** stand. Eine Emission unter Nennwert (= unter pari) ist nicht erlaubt. Sofern die Aktie über pari emittiert wird, werden diese Überschüsse den

         FHS-Verlag.de
Fachbuchverlag Holger Stöhr

Kapitalrücklagen (als Teil des Eigenkapitals) zugeführt. Gerade die Euro-Umstellung hätte zu ungeraden Nennwerten geführt, weshalb viele Unternehmen zu **Stückaktien** geschwenkt sind. **Quotenaktien** sind in Deutschland nicht erlaubt und geben einfach den Anteil der Beteiligung an einem Unternehmen an.

- Im Normalfall handelt es sich bei den an der Börse gehandelten Aktien um **Inhaberaktien**, die der jeweilige Inhaber besitzt. Bei **Namensaktien** hingegen muss der Name und Anschrift des Aktionärs in die Aktienrolle der Aktiengesellschaft eingetragen werden. Dies hat für Aktiengesellschaften den Vorzug, dass sie wissen, wer am Unternehmen wie stark beteiligt ist. Bei **vinkulierten Namensaktien** muss die Aktiengesellschaft beim Verkauf der Aktie durch einen Aktionär zustimmen bzw. kann einen Verkauf verhindern.

4 Formen der Kapitalerhöhung bei AGs

- Bei einer **ordentlichen Kapitalerhöhung** be- H 2012/S1: A2b, 2 Pt.
  schließen die Aktionäre einer AG in der **Hauptversammlung** mit einer 3/4-Mehrheit eine Neuausgabe von Aktien und damit eine Kapitalerhöhung.

- Wenn sich der Vorstand einer AG von den Aktionären in der Hauptversammlung für die Zukunft die Möglichkeit geben möchte, zu einem günstigen Zeitpunkt ggf. schnell neue Aktien zu emittieren, spricht man von **genehmigtem Kapital**. Diese Genehmigung kann für max. 5 Jahre erteilt werden.

- Eine **bedingte Kapitalerhöhung** liegt vor, wenn heute Bedingungen geschaffen werden, die in Zukunft eine Kapitalerhöhung ermöglichen. Dazu zählen bspw. Wandel- und Optionsschuldverschreibungen.

- Die **Kapitalerhöhung aus Gesellschaftermitteln** ist eigentlich gar keine wirkliche Kapitalerhöhung im Sinne einer Zuführung von neuen Mitteln von außen. Vielmehr werden hier nur Gewinn-/Kapitalrücklagen in Grundkapital umgewandelt.

2

Bezugsrecht bei der Emission junger Aktien

Zudem ist das **Bezugsrecht** bei der Emission neu- ᴴ 2012/S1: A2a–e, 16 Pt.
er Aktien sehr bedeutsam. Wenn neue Aktien emittiert werden, haben
Altaktionäre für gewöhnlich ein Vorkaufsrecht zum Erwerb der jungen
Aktien. Dieses Bezugsrecht kann an der Börse gehandelt werden.

Zahlenbeispiel zum Bezugsrecht bei einer Neuemission von Aktien

Es befinden sich aktuell 1 Mio. Aktien zum Kurs von 100 € im Umlauf. Nun soll die Emission von 0,5 Mio. jungen Aktien zum Kurs
von 85 € stattfinden.

Zunächst können wir das Bezugsrecht mit der folgenden Formel
berechnen:

$$33.\ \text{Bezugsrechtsverhältnis} = \frac{\text{alte Aktien}}{\text{junge Aktien}} = \frac{1\ \text{Mio.}}{0,5\ \text{Mio.}} = \frac{2}{1} = 2:1$$

Damit lassen sich auch der Wert des an der Börse handelbaren Bezugsrechts und der Kurs nach Emission der Aktie berechnen:

$$34.\ \text{Wert des Bezugsrechts} = \frac{(\text{Kurs alte Aktie} - \text{Kurs junge Aktie})}{(\text{Bezugsverhältnis} + 1)}$$

$$= \frac{(100\ € - 85\ €)}{\left(\frac{2}{1} + 1\right)} = \frac{15\ €}{3} = 5\ € \text{ je Bezugsrecht}$$

35. Kurs der Aktie nach Emission =

= Kurs der alten Aktie − Wert des Bezugsrechts

=100 € − 5 € = 95 € je Aktie

Das Bezugsrecht wird a) zum Ausgleich für den Wertverlust der Alt-
aktien und b) zur Bewahrung der **Stimmrechtsverhältnisse** gewährt.
In der **Bilanz** erhöht sich das **gezeichnete Kapital** um die Anzahl der
Aktien × Nennwert. Der Ausgabeaufschlag zum Nennwert × Anzahl
der Aktien ergibt die Erhöhung der **Kapitalrücklage**.

       FHS-Verlag.de
Fachbuchverlag Holger Stöhr

Finanzierung aus Abschreibungen

Ein nicht ganz so naheliegender Fall der Innenfinanzierung stellt die Finanzierung aus Abschreibungen dar. Dabei werden zwei Effekte unterschieden, wobei der eine Effekt den anderen bedingt und damit der wichtigere ist:

- Sofern Abschreibungen als kalkulatorische Kosten in die Kalkulation eingehen und via Umsatzerlösen zu einem Mittelrückfluss führen, folgert der **Kapitalfreisetzungseffekt**. Bedenken Sie, dass Abschreibungen hingegen nicht zu einem Mittelabfluss führen. Somit steht der Mittelrückfluss via Umsatzerlöse so lange zur freien Verfügung, bis eine Reinvestition erforderlich ist. Damit handelt es sich um finanzielle Mittel und eine vorübergehende Finanzierung.

Finanzierung aus Abschreibungen – Kapitalfreisetzungseffekt

Abschreibungen stellen einen Cashflow dar, sofern Sie in die Preise einkalkuliert werden, und als Umsatzerlöse zu einem Mittelrückfluss führen:

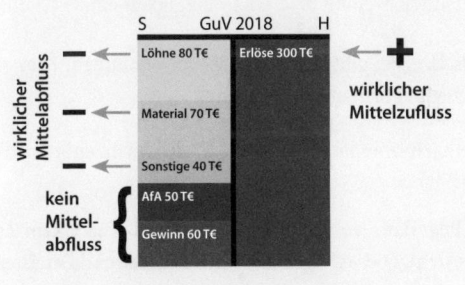

- Wozu kann dieser Mittelzufluss verwendet werden? Nun, wie jede Finanzierung stehen die Mittel für Investitionen, für Schuldentilgung etc. zur Verfügung. Sofern die Mittel zur Investition in neue Maschinen verwendet wird, spricht man vom **Kapazitätserweiterungseffekt** (**Lohmann-Ruchti-Effekt**). Damit können mehr Maschinen, als ursprünglich angeschafft wurden, genutzt werden.

2

2.3.5 Ziele und Zielkonflikte der Finanzierung

Zur angemessenen Entscheidungsfindung bei finanzwirtschaftlichen Prozessen bedarf es eines passenden Zielsystems. Dabei werden insbesondere die folgenden Ziele des **Magischen Vierecks der Finanzierung** unterschieden:

- **Rentabilität**: Zumindest private Unternehmen müssen eine angemessene Rendite des investierten Kapitals bieten. Daher ist bei allen finanzwirtschaftlichen Entscheidungen die Rentabilität wichtig.

- **Liquidität**: Jede Investitionsentscheidung bindet finanzielle Mittel und vermindert damit die Liquidität, die es ermöglicht, bei unvorhergesehenen Situationen angemessen reagieren zu können.

- **Sicherheit**: Finanzwirtschaftliche Entscheidungen gehen mit Risiko einher. Unter sonst gleichen Bedingungen streben Unternehmen möglichst sichere Investitionen an.

- **Unabhängigkeit**: Zur Finanzierung von gerade größeren Investitionen sind zumeist neue Kapitalgeber nötig. Diese schränken damit aber die Entscheidungsfreiheit bzw. Unabhängigkeit ein.

Sofern es mehr als ein Ziel gibt, entstehen Zielbeziehungen. Hier werden drei grundsätzliche Formen unterschieden:

- Im Fall der **Zielharmonie** lassen sich die Ziele gleichzeitig anstreben bzw. verwirklichen.

- **Zielneutralität** liegt dann vor, wenn zwischen zwei Zielen kein Zusammenhang besteht. Dies ist eher theoretischer Natur, da meistens zumindest ein indirekter Zusammenhang vorliegt.

- Der für uns wesentliche Fall der **Zielkonflikte** liegt dann vor, wenn zwei oder mehr Ziele miteinander im Konflikt stehen und sich nicht gleichzeitig verwirklichen lassen. Bspw. Rentabilität und Sicherheit: Dies ist der Zielkonflikt schlechthin. Zumeist weisen sichere Anlagemöglichkeiten eine geringe Rendite aus und Anlagen mit einer hohen Rendite entsprechend ein hohes Risiko.

FHS-Verlag.de
Fachbuchverlag Holger Stöhr

3 Kosten- und Leistungsrechnung

Kostenrechnungssysteme

Zur Erfüllung der Aufgaben der Kostenrechnung sind verschiedene **Kostenrechnungssysteme** im Umlauf. Zunächst unterscheiden sich diese Systeme hinsichtlich des **Zeitbezugs**:

- Die **Istkostenrechnung** basiert auf den ermittelten Zahlen des Abrechnungszeitraums (für gewöhnlich der gerade abgelaufene Monat) und ist damit vergangenheitsorientiert.

- Die **Normalkostenrechnung** vergleicht hiermit Durchschnittswerte vergangener Monate und ist damit auch vergangenheitsbezogen.

- Die **Plankostenrechnung** ist demgegenüber zukunftsbezogen und setzt Planzahlen für den kommenden Betrachtungszeitraum an – für gewöhnlich der folgende Monat.

Zudem werden Kostenrechnungssysteme danach unterschieden, ob sie **alle Kosten** (Vollkostenrechnung) oder nur einen **Teil der Kosten** (Teilkostenrechnung bzw. Deckungsbeitragsrechnung) berücksichtigen:

- In der **Vollkostenrechnung** werden grundsätzlich alle Kosten berücksichtigt. Daraus leitet sich dann der Selbstkostenpreis ab, der die langfristige Preisuntergrenze darstellt.

- In der **Teilkostenrechnung** (Deckungsbeitragsrechnung) werden nur jeweils die **entscheidungsrelevanten Kosten** berücksichtigt. In bestimmten Entscheidungssituationen sind bspw. nur die variablen Kosten relevant, während die Fixkosten nicht betroffen sind. Die variablen Kosten stellen dabei die kurzfristige Preisuntergrenze dar.

Schließlich gibt es gegenüber diesen traditionellen Formen der Kostenrechnung auch moderne **Alternativen** bzw. **Ergänzungen**:

- Die **Zielkostenrechnung** (target costing) stellt eine Form der retrograden Kalkulation (Rückwärtskalkulation) dar, bei der von den

3

maximal am Markt erzielbaren Verkaufspreisen auf die allenfalls erlaubten Kosten rückgeschlossen wird.

- Die **Prozesskostenrechnung** stellt eine radikale Neuausrichtung der Kostenrechnung dar, bei der nicht mehr die Kostenstellen, sondern einzelne Abläufe (Prozesse) im Vordergrund stehen.

Bereiche der Kostenrechnung

Die Kostenrechnung besteht unabhängig von der Art des Kostenrechnungssystems aus drei grundlegenden **Teilbereichen**:

A. Die **Kostenartenrechnung** (mit der **Abgrenzungsrechnung ❷**) erfasst zunächst die Kosten und Leistungen **❸**. Die Datenbasis für die Kostenartenrechnung ist die Buchführung **❶** mit ihrer GuV. Es wird zwischen Einzel- **❺** und Gemeinkosten **❹** unterschieden.

Frage: Was für Kosten sind entstanden?

B. Die **Kostenstellenrechnung** (mit dem **Betriebsabrechnungsbogen BAB ❻**) dient zwei Zielen: Es kann damit eine effektive Kontrolle der Kosten erfolgen. Zudem können hier die Zuschlagssätze **❼** für die Kalkulation ermittelt werden. Zu diesem Zweck werden die Gemeinkosten auf die Kostenstellen verteilt **❹**.

Frage: Wo sind die Kosten entstanden?

C. Die **Kostenträgerrechnung** dient ebenfalls zwei Zielen:

Frage: Wofür sind die Kosten entstanden?

- In der **Kostenträgerstückrechnung ❽** wird die Preiskalkulation **❾** durchgeführt.

- In der **Kostenträgerzeitrechnung** erfolgt die Ergebniskontrolle. Hier wird das Betriebsergebnis (Gewinn) insgesamt und je Erzeugnisgruppe bzw. je Artikel berechnet.

Zusammenfassung Teilbereiche der Kostenrechnung

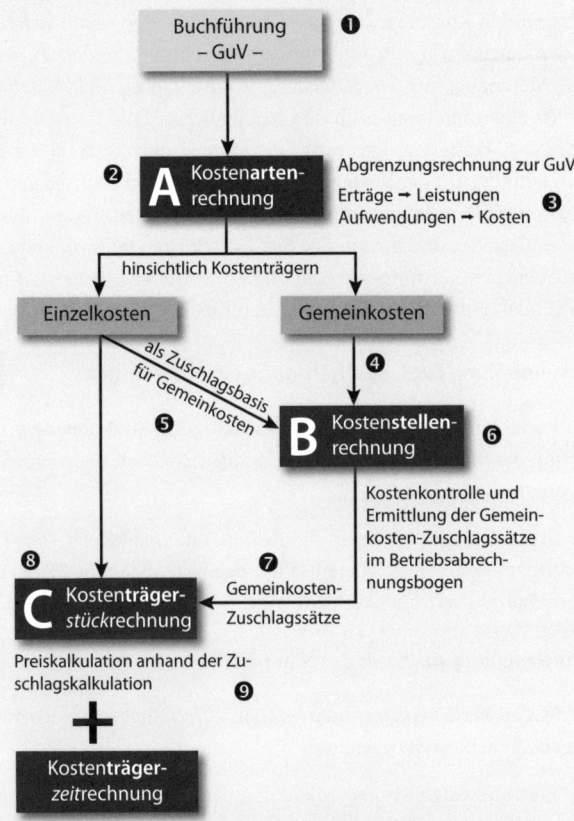

Buchführung – GuV – ❶

❷ **A Kostenartenrechnung**

Abgrenzungsrechnung zur GuV:

Erträge → Leistungen
Aufwendungen → Kosten ❸

hinsichtlich Kostenträgern

Einzelkosten   **Gemeinkosten**

als Zuschlagsbasis für Gemeinkosten ❺

❹

B Kostenstellenrechnung ❻

Kostenkontrolle und Ermittlung der Gemeinkosten-Zuschlagssätze im Betriebsabrechnungsbogen

❽ **C Kostenträgerstückrechnung** ← Gemeinkosten-Zuschlagssätze ❼

Preiskalkulation anhand der Zuschlagskalkulation ❾

+

Kostenträgerzeitrechnung

Ermittlung des *Betriebsergebnisses* insgesamt und je Kostenträger (Artikel, Warengruppe). In zwei Schritten werden von den Erlösen zunächst die **Einzelkosten** und dann die **Gemeinkosten** abgezogen.

3

3.1 Kostenartenrechnung

Wie lassen sich Kosten in Kategorien pressen? Kosten lassen sich bspw. nach den **betrieblichen Produktionsfaktoren** unterscheiden: Personalkosten, Materialeinsatz, Dienstleistungskosten, Zinsen und Mieten. Daneben ist eine Einteilung nach den **betrieblichen Funktionsbereichen** Beschaffung, Fertigung, Lagerung, Verwaltung und Vertrieb denkbar. Zudem könnte auch die **Kostenherkunft** eine Rolle spielen: Zu den **Primärkosten** zählen alle von außen verursachten Kosten. Das sind bspw. Löhne u. Gehälter und Strom. Die **Sekundärkosten** fallen bei einer innerbetrieblichen Leistungsverrechnung an. Darüber hinaus sind noch die folgenden Formen der Einteilung von Kosten geläufig:

Kosteneinteilung bzgl. Beschäftigungsschwankungen

- Die **variablen Kosten** sind vom Beschäftigungsgrad abhängig. So nimmt der Rohstoffverbrauch im Industriebetrieb zu, wenn die Produktionsmenge steigt.

- Die **Fixkosten** sind hingegen die Kosten, die unabhängig vom Beschäftigungsgrad sind. Mieten fallen bspw. unabhängig davon an, wie viel produziert oder verkauft wird.

Kosteneinteilung nach der Zurechenbarkeit

- Direkt den Kostenträgern oder -stellen zurechenbare Kosten werden als **Einzelkosten** bezeichnet.

- Die **Gemeinkosten** (bspw. Mieten) fallen hingegen für mehrere oder alle Produkte an, und sind nicht nur einem einzelnen Kostenträger bzw. einer einzelnen Kostenstelle zurechenbar.

Folglich bereiten, sofern es sich um ein Mehrproduktunternehmen handelt, die (Kostenträger-) **Gemeinkosten** das eigentliche **Problem**. Zur Lösung des Problems wird nun ein kleiner Umweg gemacht. Wenn die Gemeinkosten schon nicht einzelnen Kostenträgern zurechenbar sind, so lassen Sie sich aber einzelnen Orten der Kostenentstehung (**Kostenstellen**) direkt oder indirekt zuordnen.

3.2 Kostenstellenrechnung

Kostenzurechnung im BAB

Zu den Zielen/Aufgaben des **Betriebsabrechnungsbogens** (BAB) zählen: (1) verursachungsgerechte Verteilung der Gemeinkosten, (2) innerbetriebliche Leistungsverrechnung, (3) Ermittlung von Gemeinkostenzuschlagssätzen und (4) die Kostenkontrolle.

Kostenstellen sind einfach Orte oder Bereiche in denen Kosten entstehen. Für gewöhnlich wird der Betrieb nach funktionaler Gliederung anhand von Abteilungen in Kostenstellen eingeteilt. Grundsätzlich ist es wichtig, dass es für jede Kostenstelle auch einen *Kostenverantwortlichen* gibt, da ein Ziel der Kostenstellenrechnung auch die Kostenkontrolle ist.

Zudem wird zwischen Hauptkostenstellen und Hilfskostenstellen unterschieden. Allerdings wird dies nicht in jedem Betrieb gleich gehandhabt. Für die **Hauptkostenstellen** werden Zuschlagsätze ermittelt, die dann in der Preiskalkulation unentbehrlich sind. Die **Hilfskostenstellen** haben eine eher unterstützende Funktion und können für alle anderen Kostenstellen von Bedeutung sein (bspw. die Energieversorgung).

Die Gemeinkosten aus der Kostenartenrechnung werden im Betriebsabrechnungsbogen (BAB) auf die einzelnen Kostenstellen verteilt:

❶ Der Betriebsabrechnungsbogen (BAB) wird mit den Daten aus der Abgrenzungsrechnung gefüttert. Dabei werden zunächst die (Kostenträger-) **Gemeinkosten** übernommen.

❷ Die Gemeinkosten werden im nächsten Schritt auf die verschiedenen **Kostenstellen** verteilt. Kostenstellen-Einzelkosten können dabei *direkt*, sofern die entsprechenden Informationen vorliegen, zugeordnet werden. Die Kostenstellen-Gemeinkosten müssen hingegen anhand von *Schlüsseln* zugewiesen werden.

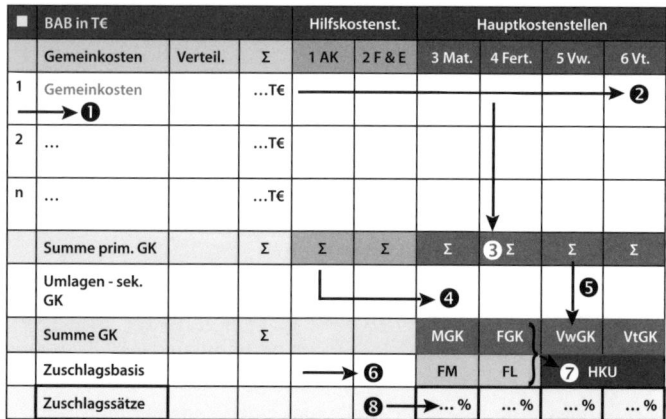

■ BAB in T€			Hilfskostenst.		Hauptkostenstellen			
Gemeinkosten	Verteil.	Σ	1 AK	2 F & E	3 Mat.	4 Fert.	5 Vw.	6 Vt.
1 Gemeinkosten ❶		...T€						❷
2 ...		...T€						
n ...		...T€						
Summe prim. GK		Σ	Σ	Σ	Σ	❸ Σ	Σ	Σ
Umlagen - sek. GK				❹			❺	
Summe GK		Σ			MGK	FGK	VwGK	VtGK
Zuschlagsbasis			❻		FM	FL	❼ HKU	
Zuschlagssätze			❽	... %	... %	... %	... %	

❸ Wenn alle Gemeinkosten auf die Kostenstellen verteilt sind, wird die **Summe der primären Gemeinkosten je Kostenstelle** (prim. GK) berechnet. ❹ Sofern **Hilfskostenstellen** vorhanden sind, müssen deren Summen als **sekundäre Gemeinkosten** (sek. GK) entweder direkt oder per Schlüssel auf die anderen Kostenstellen verteilt werden. Gerade diese Aufteilung bereitet in der Praxis erhebliche Probleme. Da sich hierbei die grundsätzliche Frage stellt, wie die Kostenstellen untereinander abhängig sind und voneinander Leistungen beziehen. Diese wechselseitige Abhängigkeit könnte auch bei Hauptkostenstellen bestehen. Als Primärkosten werden alle den einzelnen Kostenstellen durch die Verteilung zufallenden Kosten bezeichnet. Da zwischen Kostenstellen wechselseitige Beziehungen bestehen, müssten die Kosten untereinander verrechnet werden. Diese

Abkürzungen:

FM = Fertigungsmaterial
FL = Fertigungslöhne
GK = Gemeinkosten
MGK = Material-GK
FGK = Fertigungs-GK
VwGK = Verwaltungs-GK
VtGK = Vertriebs-GK
HKU = Herstellkosten des Umsatzes
prim. GK = primäre GK
sek. GK = sekundäre GK
AK = Allgemeine Kostenstelle
F & E = Forschung & Entwicklung
Mat. = Material
Fert. = Fertigung
Vw = Verwaltung
Vt = Vertrieb
T€ = 1.000 €
Σ = Summe

untereinander verrechneten Kosten werden als Sekundärkosten bezeichnet. Zur Vereinfachung gehen wir davon aus, dass nur Hilfskostenstellen Sekundärkosten abgeben. ❺ Nachdem die sekundären Gemeinkosten auf die verbleibenden Hauptkostenstellen aufgeteilt wurden, ergibt sich die eigentliche **Summe der Gemeinkosten.**

               FHS-Verlag.de
Fachbuchverlag Holger Stöhr

Ermittlung der Zuschlagssätze

3

❻ Zur Ermittlung von Zuschlagssätzen wird eine **Zuschlagsbasis** benötigt. Diese muss im engen Zusammenhang zu den Gemeinkosten der Kostenstelle stehen. In der Kostenstelle Material wird das **Fertigungsmaterial** als Zuschlagsgrundlage verwendet. Ebenso werden im Bereich der Fertigung die **Fertigungslöhne** genutzt.

❼ Die **Zuschlagsbasis** für den Bereich **Verwaltung** und **Vertrieb** ist nicht so offensichtlich. Allgemein werden hierfür jeweils die **Herstellkosten** verwendet; im Bereich der Verwaltung die Herstellkosten der hergestellten Mengen und in der Kostenstelle Vertrieb die **Herstellkosten der umgesetzten Mengen** (**HKU**). Aus Vereinfachungsgründen wird im Lehrbetrieb häufig bei beiden Kostenstellen von den HKU ausgegangen – so auch in unserem Fachbuch. Die HKU berechnen sich als Summe der Einzel- und Gemeinkosten der Kostenstellen Material und Fertigung. Somit sind die HKU gleich der Summe aus Fertigungsmaterial (FM), Materialgemeinkosten (MGK), Fertigungslöhnen (FL) und Fertigungsgemeinkosten (FGK) – evtl. korrigiert um Bestandsveränderungen bei Fertigerzeugnissen und unfertigen Erzeugnissen. Zudem müssen Sondereinzelkosten der Fertigung (SEKF) hinzugerechnet werden. Zu den HKU werden die Verwaltungs- und die Vertriebsgemeinkosten addiert. Als Ergebnis erhält man die **Selbstkosten des Umsatzes (SKU)**. Zieht man diese von den Umsatzerlösen ab, erhält man das **Betriebsergebnis (BE)**.

❽ Die **Gemeinkosten-Zuschlagssätze (GKZ)** ergeben sich jeweils aus dem Quotienten der Gemeinkostensumme und der Zuschlagsbasis multipliziert mit 100 %.

Hinweis:
Im Steuerrecht wird von *Herstellungskosten*, in der Kostenrechnung von *Herstellkosten* gesprochen.

Abkürzungen:

FM = Fertigungsmaterial
MGK = Material-GK
FL = Fertigungslöhne
FGK = Fertigungs-GK
SEKF = Sondereinzelkosten der Fertigung
SEKV = Sondereinzelkosten des Vertriebs
GK = Gemeinkosten
HKU = Herstellkosten des Umsatzes
SKU = Selbstkosten des Umsatzes

Schema:

FM
+ MGK
+ FL
+ FGK
+ SEKF
= HK d. Produktion
+ Bestandsminderung
− Bestandsmehrung
= **HKU**

+ VwGK
+ VtGK
+ SEKV
= **SKU**

BE = Erlöse − SKU

3

Fallbeispiel zur Maschinenstundensatzrechnung

Für eine neue Fertigungsstraße liegen uns die folgen-   F 2013/S1: A1a, 7 Pt.
den Angaben vor:

- Anschaffungskosten: 1,0 Mio. €
- Wiederbeschaffungswert: 1,2 Mio. €
- betriebsgewöhnliche Nutzungsdauer: 10 Jahre
- Zinssatz: 5 %
- Instandhaltungskosten: 30.000 €
- Stromverbrauch: 10 kWh; Strompreis: 0,10 € je kWh
- Sonstige Betriebsstoffkosten: 8.000 €
- Platzbedarf: 200 m²
- kalkulatorische Monatsmiete je m²: 5,00 €

Die Laufzeit der Fertigungsstraße beträgt 48 Wochen (5-Tage-Woche), wobei 3 Schichten je 8 Stunden gefahren werden. Insgesamt muss mit einer Ausfallzeit von 760 Stunden gerechnet werden.

1. Schritt: Berechnung der jährlichen Laufzeit

Jährliche Laufzeit = 48 Wochen × 3 Schichten × 8 Stunden × 5 Wochentage −760 Std. Ausfallzeit = 5.000 Std.

2. Schritt: Berechnung der jährlichen Maschinenkosten

kalk. Abschreibungen $= \dfrac{1{,}2 \text{ Mio. } €}{10 \text{ Jahre}} =$	120.000 €
kalk. Zinsen $= \dfrac{1 \text{ Mio. } €}{2} \times \dfrac{5\,\%}{100\,\%} =$	25.000 €
Instandhaltung =	30.000 €
Strom = 10 kWh × 0,10 €/kWh × 5.000 Std. =	5.000 €
Sonstige Betriebsstoffe =	8.000 €
Miete = 200 qm × 5 €/qm × 12 Monate =	12.000 €
Summe =	200.000 €

3. Schritt: Berechnung des Maschinenstundensatzes

Maschinenstundensatz = 200.000 € ÷ 5.000 Std. = 40 €/Std.

3.3 Kostenträgerrechnung

- Die **Kostenträgerzeitrechnung** dient der Kosten- und Erfolgskontrolle und ermittelt das Betriebsergebnis insgesamt und auch je Kostenträger (-gruppe). Sie wird auch als kurzfristige Erfolgsrechnung bezeichnet.   F 2018/S1: A1a-d, 12 Pt.

- Die **Kostenträgerstückrechnung** stellt die eigentliche Preiskalkulation dar und ermittelt die notwendigen Preise.

■ Zuschlagskalkulation - Logik				
in EUR	**Abk.**	**%**	**€**	
1	Fertigungsmaterial	FM		400	FM ≙ 100 %
2	+ Materialgemeinkosten	MGK	25,00 %	100	MGK ≙ 25 %
3	= Materialkosten	MK		500	MK ≙ 125 %
4	Fertigungslöhne	FL		300	FL ≙ 100 %
5	+ Fertigungsgemeinkosten	FGK	50,00 %	150	FGK ≙ 50 %
6	+ Sondereinzelkosten d. F.	SEKF		50	FK ≙ 150 % / + SEKF
7	= Fertigungskosten	FK		500	
8	3. + 7. = Herstellkosten	HK		1.000	HK ≙ 100 %
9	+ Verwaltungsgemeinkost.	VwGK	30,00 %	300	VwGK ≙ 30 %
10	+ Vertriebsgemeinkosten	VtGK	10,00 %	100	VtGK ≙ 10 %
11	+ Sondereinzelkosten d. V.	SEKV		100	SK ≙ 140 % / + SEKV
12	= Selbstkosten	SK		1.500	SK ≙ 100 %
13	+ Gewinn	G	20,00 %	300	G ≙ 20 %
14	= Barverkaufspreis	BarVP		1.800	BarVP ≙ 120 %
15	+ Vertreterprovision	V.Pr.	7,50 %	150	BarVP ≙ 90 % / V.Pr. ≙ 7,5 %
16	+ Kundenskonto	Kd.Sk.	2,50 %	50	Kd.Sk. ≙ 2,5 %
17	= Zielverkaufspreis	ZVP		2.000	ZVP ≙ 100 %
18	+ Kundenrabatt	Kd.R.	20,00 %	500	ZVP ≙ 80 % / Kd.R. ≙ 20 %
19	= Listenverkaufspreis	LVP		2.500	LVP ≙ 100 %
20	+ Umsatzsteuer	USt	19,00 %	475	LVP ≙ 100 % / USt ≙ 19 %
21	= Bruttoverkaufspreis	BVP		2.975	BVP ≙ 119 %

Das größte Problem bereitet erfahrungsgemäß die Frage, welche Größe nun eigentlich jeweils der **Grundwert** (= 100 %) sein soll. Zu jedem Prozentsatz zeigt ein Pfeil in der Tabelle den dazugehörigen Grundwert.

3

Zuschlagskalkulation mit Maschinenstundensätzen

In stark automatisierten Unternehmen ist die Kal-   F 2013/S1: A1b-c, 11 Pt.
kulation mit Fertigungsgemeinkostenzuschlagssätzen problematisch,
daher werden die maschinenabhängigen Gemeinkosten (bspw. Abschreibungen und Zinsen) im BAB herausgenommen und daraus die
Kosten für die Beanspruchung der Maschinen je Stunde bzw. Minute
berechnet. Die nicht maschinenabhängigen Fertigungsgemeinkosten
(= Rest-Fertigungsgemeinkosten RFGK) werden dann wie gewohnt auf
die Fertigungslöhne (FL) bezogen und daraus die **Rest-Fertigungsge-
meinkostenzuschlagssätze** (RFGKZ) berechnet (RFGKZ = RFGK / FL
× 100 %).

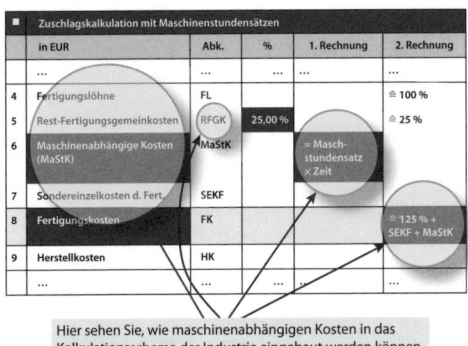

Hier sehen Sie, wie maschinenabhängigen Kosten in das
Kalkulationsschema der Industrie eingebaut werden können.

Die **Maschinenstundensätze** (zur Ermittlung vgl. S. 66) werden dann
denkbar unproblematisch in das Kalkulationsschema einbezogen: Es
werden die Maschinenstundensätze einfach mit der Anzahl der notwendigen Maschinenstunden multipliziert.

Kostenträgerzeitrechnung bzw. Normalkostenrechnung

Grundlagen der Kostenkontrolle

Die Zahlen des BAB sind jeweils vom vergangenen Monat und damit **vergangenheitsorientiert**, und somit nicht unbedingt für den aktuellen Monat tauglich. Wenn der Monat vorbei ist, kann der BAB uns die Zuschlagssätze liefern, mit denen wir im letzten Monat hätten kalkulieren sollen. Aber er sagt uns nicht, was die richtigen Zuschlagssätze für den aktuellen Monat sind. Folgende Lösungsansätze werden in der Praxis verwendet:

- Für den jeweils aktuellen Monat werden die **Zuschlagssätze aus dem BAB des Vormonats** oder des **Vorjahresmonats** entnommen.

- Als Alternative werden daher häufig **Normalkosten** als ein **Durchschnittswert der Zuschlagssätze der Vergangenheit** gewählt. In diesem Kapitel wählen wir diesen Ansatz.

- Ein **Plankostenansatz** kalkuliert die erwartete Preisentwicklung verschiedener Faktoren (Rohöl, Wechselkurse etc.) ein.

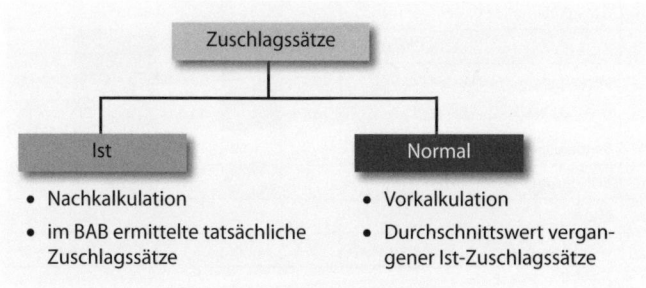

Neben der Ermittlung der Zuschlagssätze zielt die Kostenstellenrechnung auch auf eine **Kostenkontrolle** (2 Methoden) ab:

- Kostenkontrolle im Kostenträgerblatt (BAB II).

- Die Kostenkontrolle wird an den BAB unten angehängt.

Kostenkontrolle im Kostenträgerblatt (BAB II)

❶ Zur Kostenkontrolle kann das **Kostenträgerblatt (BAB 2)** verwendet werden. Dieses dient in der Vollkostenrechnung auch zur Ermittlung der Herstellkosten des Umsatzes (HKU) sowie zur Ermittlung des Betriebsergebnisses der einzelnen Kostenträger. Wir müssen die Tabelle nur um zwei Spalten für die Normalkosten sowie eine Spalte zur Berechnung der Abweichung zwischen Ist- und Normalkosten ergänzen.

■ Kostenträgerblatt – BAB 2		IST-Werte		NORMAL- Werte ❶	Abw. ❺
in € / Monat: 05/18	GKZ	Σ IST	❷ GKZ	Σ Normal	N. – IST
1 Fertigungsmaterial (FM) ❸		400		400	
2 Materialgemeinkosten (MGK)	25,0 %	100	20,0 %	❹ 80	– 20
3 Materialkosten (MK)		500		480	
4 Fertigungslöhne (FL) ❸		400		400	
5 Fertigungsgemeinkosten (FGK)	50,0 %	200	60,0 %	❹ 240	+ 40
6 Sondereinzelkosten d. F. (SEKF)		25		25	
7 Fertigungskosten (FK)		625		665	
8 Herstellkosten der Produktion (HKP)		1.125		1.145	
9 – Mehrbestand FE / UE		125		125	
10 + Minderbestand FE / UE					
11 Herstellkosten des Umsatzes (HKU) ❸		1.000		1.020	
12 Verwaltungsgemeinkosten (VwGK)	30,0 %	300	30,0 %	❹ 306	+ 6
13 Vertriebsgemeinkosten (VtGK)	10,0 %	100	15,0 %	❹ 153	+ 53
14 Sondereinzelkosten d. Vertriebs (SEKV)		50		50	
15 Selbstkosten des Umsatzes		1.450		1.529	+ 79
16 Erlöse		1.740		1.740	
17 a) Betriebsergebnis, b) Umsatzergebnis		a) 290		b) 211	❻ – 79

❷ Zudem müssen die **Normal-Zuschlagssätze** bekannt bzw. gegeben sein, da ja schon den ganzen Monat Mai mit diesen kalkuliert wurde. ❸ Um die Normal-Gemeinkosten berechnen zu können, benötigen wir wiederum die jeweilige **Zuschlagsbasis** der Kostenstellen. In den Kostenstellen Material und Fertigung gibt es keine Differenzen, auch hier werden die Zahlen des Fertigungsmaterials und der Fertigungslöh-

FHS-Verlag.de
Fachbuchverlag Holger Stöhr

ne genommen, da diese auch während des betrachteten Monats in die Preise einkalkuliert wurden. Sie sollten allerdings beachten, dass sich nun veränderte HKU ergeben. Die Normal-HKU sind um 20 € größer als die Ist-HKU. ❹ Die **Summe der Normalgemeinkosten** können wir dabei jeweils wie folgt berechnen:

$$36.\ \text{Normal-Gemeinkosten} = \text{Zuschlagsbasis Normal} \times \frac{\text{NormalGKZ}}{100\,\%}$$

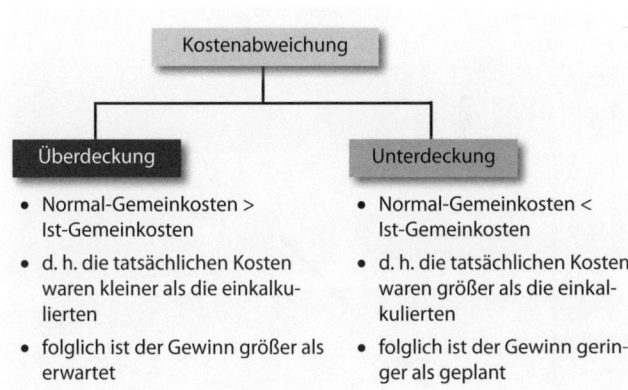

❺ Die **Kostenabweichung** erhalten wir, wenn wir von den Normalgemeinkosten jeder Gemeinkostenart die Ist-Gemeinkosten abziehen. Erhalten wir wie bei den Fertigungsgemeinkosten einen positiven Betrag, handelt es sich um eine **Überdeckung** – wir hatten 40 € mehr Kosten einkalkuliert als tatsächlich angefallen sind. Ein zu großer positiver Betrag könnte bedeuten, dass wir zu teuer werden. Im Fall der Materialgemeinkosten liegt eine **Unterdeckung** vor, da die Differenz negativ ist. Dieser Fall ist eindeutig schlecht, da wir tatsächlich 20 € mehr Kosten hatten, als einkalkuliert wurden. Insgesamt haben wir für alle Kostenstellen zusammen eine gemäßigte Überdeckung von 79 €. ❻ Folglich muss im Umkehrschluss das kalkulierte Betriebsergebnis um diese 79 € geringer ausfallen als das tatsächliche.

3

3.4 Deckungsbeitragsrechnung

Gewinnschwellenanalyse (Break-even-Analyse)

❶ Die **Fixkosten** sind unabhängig von der Produktionsmenge. Sofern jenseits der Kapazitätsgrenze produziert werden soll, bedarf es einer Kapazitätserweiterung, deren Investitionen zusätzliche Fixkosten bedeuten. ❷ Die **variablen Kosten** hängen proportional von der produzierten Menge ab.

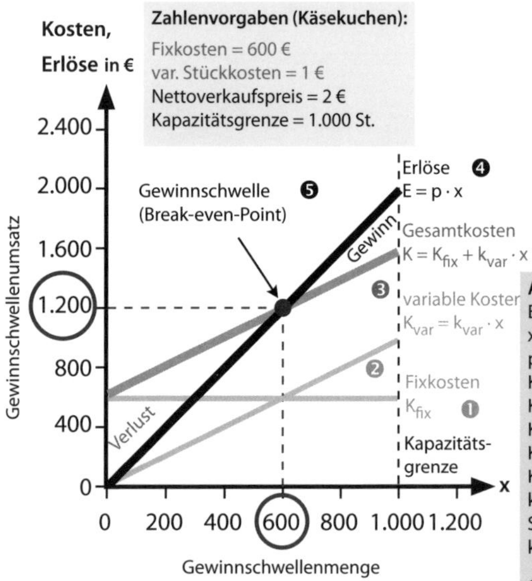

H 2012/S1: A1b-c, 4 Pt.
H 2014/S1: A7d, 5 Pt.
F 2017/S1: A8a-c, 10 Pt.

Kosten, Erlöse in €

Zahlenvorgaben (Käsekuchen):
Fixkosten = 600 €
var. Stückkosten = 1 €
Nettoverkaufspreis = 2 €
Kapazitätsgrenze = 1.000 St.

Gewinnschwelle ❺
(Break-even-Point)

Erlöse ❹
$E = p \cdot x$

Gesamtkosten
$K = K_{fix} + k_{var} \cdot x$

variable Kosten ❸
$K_{var} = k_{var} \cdot x$

Fixkosten
K_{fix} ❶

Kapazitätsgrenze

Gewinn

Verlust

Gewinnschwellenumsatz

2.400
2.000
1.600
1.200
800
400
0

0   200   400   600   800   1.000 1.200   x

Gewinnschwellenmenge

Abkürzungen:
E = Erlöse
x = Stückzahl
p = Nettopreis
K = Gesamtkosten
$K = K_{fix} + K_{var}$
K_{fix} = Fixkosten
K_{var} = variable Kosten
k_{var} = variable Stückkosten
k_{fix} = Fixkosten/St.

Großbuchstaben stehen für Gesamtwerte, Kleinbuchstaben für Stückangaben.

❸ Die **Gesamtkosten** setzen sich aus den Fixkosten und den variablen Kosten zusammen. ❹ Die **Erlöse** (= Nettoverkaufspreises × Stückzahl) steigen ebenfalls proportional an. ❺ Im Schnittpunkt von Erlösen und Gesamtkosten liegt die **Gewinnschwelle**. Sollte weniger verkauft werden, wären die Gesamtkosten größer als die Erlöse (= Verlust). Würden mehr verkauft, werden die Erlöse größer als die Gesamtkosten (= Gewinn).

Formeln zur Gewinnschwellenanalyse

1. $E = p \cdot x$ Erlösfunktion (E, U oder UE für Umsatzerlöse)

2. $K = K_{fix} + k_{var} \cdot x$ Kostenfunktion

3. $x_{BEP} = \dfrac{K_{fix}}{(p - k_{var})}$ Gewinnschwellenmenge

$x_{BEP} = \dfrac{600\,€}{(2\,€ - 1\,€)} = \dfrac{600\,€}{1\,€/St.} = 600\,St.$

4. $E_{BEP} = x_{BEP} \cdot p$ Gewinnschwellenumsatz

$E_{BEP} = x_{BEP} \cdot p = 600\,St. \cdot 2\,€ = 1.200\,€$

5. $x_{Gewinn} = \dfrac{(K_{fix} + Gewinn)}{(p - k_{var})} = \dfrac{(600\,€ + 400\,€)}{1\,€/St.} = 1.000\,St.$

= notwendige Menge für einen bestimmten Gewinn (bspw. 400 €)

4 Fälle des Verlaufs von fixen und variablen Kosten

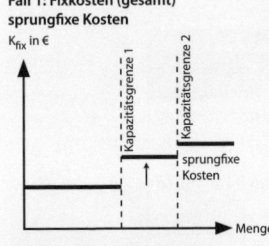

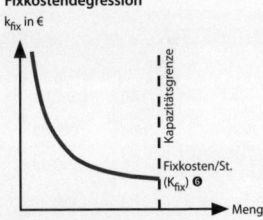

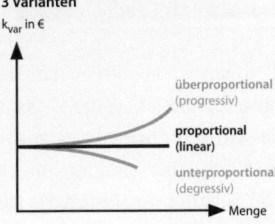

3

6 Fallbeispiele zur Anwendung der Deckungsbeitragsrechnung

1. Standardschema für die einstufige DBR

H 2014/S1: A7c, 3 Pt.

■ DBR – 1 Produkt	Auslastung = 80 %	
in EUR	pro Stück	800 St.
1. Erlöse	2,00	1.600,00
2. – variable Kosten	1,00	800,00
3. = Deckungsbeitrag	1,00	800,00
4. – Fixkosten	0,75	600,00
5. = Betriebsergebnis	0,25	200,00
6. Kosten = 2. + 4.	1,75	1.400,00

Tipp: Sofern zwei Werte einer Zeile gegeben sind (bspw. Fixkosten und Fixkosten/Stück) kann durch eine Division dieser die Stückzahl ermittelt werden.

2. »Sudoku-Aufgaben« zur DBR

Es wird bei unterschiedlichen Auslastungsgraden nur eine möglichst geringe Anzahl von Zahlen gegeben:

■ Sudoku-Aufgaben	Auslastung = 60 %		Auslastung = 75 %	
in EUR	pro St.	600 St.	pro St.	750 St.
1. Erlöse	2,00	1.200,00	2,00	1.500,00
2. – variable Kosten	1,00	600,00	1,00	750,00
3. = Deckungsbeitrag	1,00	600,00	1,00	750,00
4. – Fixkosten	1,00	600,00	0,80	600,00
5. = Betriebsergebnis	0,00	0,00	0,20	150,00
6. Kosten = 2. + 4.	2,00	1.200,00	1,80	1.350,00

(1) Übernehmen Sie alle gegebenen Zahlen in die Tabelle oben (Tipp: Das Betriebsergebnis ist bei der Gewinnschwelle = 0). (2) Füllen Sie nun die Tabelle Schritt für Schritt aus. **Wichtig:** Die Fixkosten, der Nettoverkaufspreis (Stück), die variablen Stückkosten sowie der Stückdeckungsbeitrag sind bei allen Auslastungsgraden gleich groß (hellgrau hervorgehoben).

     FHS-Verlag.de
Fachbuchverlag Holger Stöhr

3. Dreisatz bei unterschiedlichen Auslastungsgraden

Sofern unterschiedliche Auslastungsgrade (bzw. Mengen) gegeben sind, kann mit Hilfe eines einfachen Dreisatzes von den Erlösen, den variablen Kosten oder den Deckungsbeiträgen des einen auf die Werte des anderen Auslastungsgrades geschlossen werden (bspw. 1.000 € × 800 St. ÷ 500 St. = 1.600 €). Dies zeigt sich deutlich bei prozentualen Vergleichen.

■	Dreisatz	Auslastung = 50 %		in %	Auslastung = 80 %		in %
	in EUR	pro St.	500 St.	d. Erlöse	pro St.	800 St.	d. Erlöse
1.	Erlöse	2,00	1.000,00	100 %	2,00	1.600,00	100 %
2.	– variable Kosten	1,00	500,00	50 %	1,00	800,00	50 %
3.	= Deckungsbeitrag	1,00	500,00	50 %	1,00	800,00	50 %
4.	– Fixkosten	1,20	600,00	60 %	0,75	600,00	37,5 %
5.	= Betriebsergebnis	–0,20	–100,00	–10 %	0,25	200,00	12,5 %
6.	Kosten = 2. + 4.	2,20	1.100,00	110 %	1,75	1.400,00	87,5 %

Vorsicht: Dies gilt jedoch nicht für Fixkosten, Betriebsergebnis und (Gesamt-) Kosten (Zellen der unteren drei Zeilen).

4. Angestrebte Umsatzrentabilität (UR) in %

Sofern eine bestimmte UR in Prozent gefordert   F 2014/S1: A4a-b, 12 Pt. wird (hier bspw. 10 %), lässt sich mit den Prozentsätzen aus Fall 3 relativ leicht der hierfür notwendige Umsatz berechnen, selbst wenn keine Mengen gegeben sind. Aus den Fixkosten und deren Prozentsatz erhält man das Ergebnis.

■	Dreisatz	Ausgangslage	in %	Ziel: UR = 10 %	in %
	in EUR		d. Erlöse		d. Erlöse
1.	Erlöse	1.000,00	100 %	1.500,00	100 %
2.	– variable Kosten	500,00	50 %	750,00	50 %
3.	= Deckungsbeitrag	500,00	50 %	750,00	50 %
4.	– Fixkosten	600,00	60 %	600,00	40 %
5.	= Betriebsergebnis	–100,00	–10 %	150,00	10 %
6.	Kosten = 2. + 4.	1.100,00	110 %	1.350,00	90 %

$$600\ € \times \frac{100\ \%}{40\ \%} = 1.500\ €$$

3

5. Berechnung der Fixkosten

Zunächst werden die variablen Stückkosten er-   H 2012/S1: A1a, 6 Pt.
mittelt (= Kostendifferenz ÷ Mengendifferenz). Diese werden mit der
Menge multipliziert und von den Gesamtkosten abgezogen, um die Fixkosten zu erhalten:

37. $K_{fix} = K - k_{var} \cdot x$ (Kostenfunktion: $K = K_{fix} + k_{var} \cdot x$)

■	Fixkostenermittlung	gegeben		zu berechnen	
	in EUR	Menge	Kosten	K_{var}	K_{fix}
1.	Mai	600	1.200	600	600
2.	Juni	750	1.350	750	600
3.	Differenz	150	150	150	0
4.	variable Stückkosten	= 150 € ÷ 150 St. = 1 € pro Stück			

6. Mehrproduktunternehmen

Bisher gingen wir bei den Berechnungen zum De-   F 2015/S1: A6a, 2 Pt.
ckungsbeitrag von einem Unternehmen mit nur   F 2016/S1: A8a, 2 Pt.
einem Produkt aus (**Einproduktunternehmen**). Was wäre aber, wenn
das Unternehmen mehr als ein Produkt verkaufen würde (**Mehrproduktunternehmen)?** In der folgenden Tabelle wird die Berechnung für
ein 2-Produkt-Unternehmen durchgeführt.

■	Zwei Produkte	Käsekuchen		Kirschtorte		Summe
	in EUR	pro St.	500 St.	pro St.	400 St.	900 St.
1.	Erlöse	1,80	900,00	2,10	840,00	1.740,00
2.	– variable Kosten	0,80	400,00	0,90	360,00	760,00
3.	= Deckungsbeitrag	1,00	500,00	1,20	480,00	980,00
4.	– Fixkosten					690,00
5.	= Betriebsergebnis					290,00

Häufige **Fehlerquelle**: Hier werden gerne die Fixkosten halbiert den beiden Produkten zugewiesen. Ohne weitere Informationen ist das nicht
korrekt. Sie werden von der Summe der Deckungsbeitrage abgezogen.

3.4.1 Mehrstufige Deckungsbeitragsrechnung

Zuerst berechnen wir den ❶ **DB I**, der sich als Produkt aus Stückdeckungsbeitrag und Absatzmenge ergibt. Ziehen wir von diesem die ❷ **Produktfix-kosten** ab, erhalten wir den ❸ **DB II**. Die Produktfixkosten lassen sich einzelnen Produkten (hier Kuchen- oder Gebäcksorten) zuweisen.

F 2011/S1: A8c, 6 Pt.
F 2013/S1: A2a-c, 13 Pt.
H 2013/S1: A3, 10 Pt.

	Mehrstufige DBR	Kuchen				Gebäck	
	in EUR	ohne Boden		mit Boden		Süßgebäck	
		Marmor	Schoko	Käse	Kirsch	Amerik.	Berliner
1.	Verkaufspreis	1,50	1,60	1,80	2,10	1,20	1,00
2.	– variable Stückk.	0,60	0,80	0,80	0,90	0,60	0,75
3.	= db	0,90	0,80	1,00	1,20	0,60	0,25
4.	× Absatzmenge	500 St.	600 St.	500 St.	400 St.	100 St.	400 St.
5.	= DB I ❶	450,00	480,00	500,00	480,00	60,00	100,00
6.	– Produktfixkosten ❷	100,00	100,00	150,00	200,00	50,00	150,00
7.	= DB II ❸	350,00	380,00	350,00	280,00	10,00	–50,00
8.	– Erzeugnisgruppenfixk.	❹ 230,00		430,00		160,00	
9.	= DB III	❺ 500,00		200,00		–200,00	
10.	– Bereichsfixkosten	❻ 200,00				0	
11.	= DB IV	❼ 500,00				–200,00	
12.	– Unternehmensfixkost.	❽ 200,00					
13.	= Betriebsergebnis	❾ 100,00					

Nun berechnen wir den gesamten DB II einer Erzeugnisgruppe (bei Kuchen ohne Boden sind dies 350 € + 380 € = 730 €). Von dieser Summe ziehen wir die ❹ **Erzeugnisgruppenfixkosten** ab. Als Zwischenergebnis erhalten wir den ❺ **DB III** (= 730 € – 230 € = 500 €). Im nächsten Schritt wird die Summe des DB III der verschiedenen Erzeugnisgruppen eines Bereichs gebildet (für Kuchen = 500 € + 200 € = 700 €). Werden hiervon die ❻ **Bereichsfixkosten** abgezogen, erhält man den ❼ **DB IV** (700 € - 200 € = 500 €). Zum Abschluss werden von der Summe der DB IV (= 500 € – 200 € = 300 €) die ❽ **Unternehmensfixkosten** abgezogen.

3

Als Ergebnis erhält man das ❾ **Betriebsergebnis** (300 € − 200 € = 100 €). Eine einstufige Deckungsbeitragsrechnung hätte diese Probleme bei der Erzeugnisgruppe Süßgebäck nicht aufdecken können, da beide Artikel der Erzeugnisgruppe einen positiven DB I aufweisen. Folglich verbessert eine mehrstufige Deckungsbeitragsrechnung **Sortimentsentscheidungen**.

3.4.2 Fremdbezug vs. Eigenfertigung

Die Deckungsbeitragsrechnung stellt auch eine wichtige Entscheidungshilfe bei der Frage dar, ob Produkte oder Prozesse in **Eigenfertigung** selbst erstellt oder von außen bezogen werden sollten (= **Fremdbezug**). Zur Beantwortung der Frage, inwiefern Eigenfertigung oder Fremdbezug vorzuziehen ist, gehen wir von den folgenden Daten aus: 1. Nettoverkaufspreis = 2 €/St. 2. Selbstkosten = 1,75 €/St. 3. variable Stückkosten = 1 €/St. Ein Fremdhersteller würde uns die gewünschten 800 Stück eines gleichwertigen Produkts zum Nettopreis von 1,50 €/St. anbieten. Sollten wir nun selbst produzieren oder das Fremdangebot annehmen?

■ DBR – 1 Produkt	Eigenfertigung		Fremdbezug	
in EUR	pro Stück	800 St.	pro Stück	800 St.
1. Erlöse	2,00	1.600,00	2,00	1.600,00
2. – variable Kosten	1,00	800,00	1,50	1.200,00
3. = Deckungsbeitrag	1,00	800,00	0,50	400,00
4. – Fixkosten	0,75	600,00	0,75	600,00
5. = Betriebsergebnis	0,25	200,00	−0,25	−200,00
6. Kosten = 2. + 4.	1,75	1.400,00	2,25	1.800,00

Zunächst scheinen unsere Selbstkosten um 0,25 €/St. höher als der Preis des Fremdanbieters. Aus Sicht der Vollkostenrechnung erscheint daher eine Annahme des Fremdbezugs sinnvoll zu sein. Sofern wir jedoch freie Produktionskapazitäten haben, gilt dies im Rahmen der Deckungsbeitragsrechnung nicht mehr. Die variablen Stückkosten sind 0,50 €/St. niedriger als der Fremdbezugspreis. Die Fixkosten in Höhe von 600 € sind ohnehin vorhanden. Folglich ist aus Sicht der Deckungsbeitragsrechnung die Eigenfertigung vorzuziehen.

 FHS-Verlag.de Fachbuchverlag Holger Stöhr

3.4.3 Entscheidungen bzgl. der Auftragsannahme 3

Stellen Sie sich nun vor, dass ein Kunde für eine F 2012/S1: A1a-e, 19 Pt.
Vereinsfeier 200 Stück Käsekuchen kaufen möchte. Er wäre aber nur
bereit, dafür 1,25 € anstelle von 2 € zu bezahlen. Es bedarf zweier Voraussetzungen: 1. freie Kapazitäten, 2. positiver Deckungsbeitrag. Aber
warum muss der Verkaufspreis lediglich mindestens so groß wie die variablen Stückkosten sein?

Die entscheidende Erkenntnis dabei sind die vorhandenen Kapazitäten.
Sofern noch genügend **freie Kapazitäten** vorhanden sind, steigen die
Fixkosten durch die Annahme des Zusatzauftrags nicht. Das heißt, sie
wären aber auch nicht kleiner, wenn wir den Zusatzauftrag nicht annehmen würden. Folglich ist die Entscheidung über den Zusatzauftrag
unabhängig von den schon bestehenden Fixkosten. **Damit interessieren nur die durch den Zusatzauftrag zusätzlich entstehenden Kosten.**
Das sind in unserem Fall nur die *variablen Kosten* und evtl. zusätzliche
Fixkosten. Wenn nun der Verkaufspreis größer als die variablen Stückkosten ist, lohnt sich die Annahme eines Zusatzauftrags. In der Tabelle
oben können wir das auch tatsächlich nachweisen. Das Betriebsergebnis, das ohne Zusatzauftrag bei 200 € liegt, könnte durch den zusätzlichen Deckungsbeitrag im Umfang von 50 € auf 250 € erhöht werden.

■ Zusatzauftrag	Käsekuchen		Zusatzauftrag		Summe
in EUR	pro St.	800 St.	pro St.	200 St.	1.000 St.
1. Erlöse	2,00	1.600	1,25	250	1.850
2. – variable Kosten	1,00	800	1,00	200	1.000
3. = Deckungsbeitrag	1,00	800	0,25	50	850
4. – Fixkosten					600
5. = Betriebsergebnis					250

Nachteile bei der Annahme von Aufträgen zu Sonderkonditionen: (1)
Der Kunde verlangt auch zukünftig Sonderpreise. (2) Die niedrigen
Preise sprechen sich herum, und auch andere Kunden wünsche diese.

3.4.4 Relative Deckungsbeitragsrechnung

Es werden für gewöhnlich diejenigen Artikel produziert, die den höchsten Deckungsbeitrag/St. liefern. Sofern **betriebliche Engpässe** vorliegen, gilt

F 2015/S1: A6b-c, 9 Pt.
F 2016/S1: A8b-c, 11 Pt.
H 2017/S1: A7a-c, 10 Pt.

dies nicht mehr unbedingt. Die Deckungsbeitragsrechnung ermöglicht eine optimale Ausrichtung der Produktion bei Vorliegen eines (betrieblicher) Engpass.

Zur Veranschaulichung wenden wir uns dem folgenden Fallbeispiel zu. Die zugrunde liegenden Informationen, sowie die rechnerische Ableitung des optimalen Produktionsprogramms bei Vorliegen eines betrieblichen Engpasses finden Sie in der folgenden Tabelle. Betriebliche Engpässe lassen sich bspw. in der Produktion oder in der Lagerhaltung identifizieren. In der Produktion könnten die Anzahl der (qualifizierten) Mitarbeiter oder bestimmte erforderliche Maschinen einen Engpass darstellen, der nur eine bestimmte Fertigungsmenge erlaubt.

In unserem Fallbeispiel mit 4 Produkten gehen wir davon aus, dass der Herd aufgrund von Reparaturarbeiten nur insgesamt 60 Std. bzw. 3.600 Minuten genutzt werden kann. Zur Herstellung der insgesamt absetzbaren Menge wären aber 6.700 Minuten nötig. Wir werden das Fertigungsprogramm mit dem größtmöglichen Deckungsbeitrag ermitteln:

❶ Zunächst sehen Sie die Verkaufspreise und variablen Stückkosten, woraus sich die **Stückdeckungsbeiträge** (db) ermitteln lassen. Darin ist auch die jeweilige **absolute Rangfolge** eingetragen. Den ersten Rang nimmt Kirschtorte mit einem Stückdeckungsbeitrag von 1,20 € ein.

❷ Darunter wird der **Zeitbedarf** in der Fertigung je Kuchenstück in Minuten aufgelistet. Dabei benötigen Marmor- und Schokokuchen jeweils 2 min. sowie Käsekuchen und Kirschtorte jeweils 5 min. Und hier liegt auch der **betriebliche Engpass** vor. Es kann insgesamt aufgrund unserer **Kapazitätsbeschränkung** nur 60 Std. bzw. 3.600 min gebacken werden.

Tipp: Alternativ werden die Artikel auch als Zeilen dargestellt (siehe Beispiel im Anhang A+B: Prüfungssimulation 2 – Aufgabe 3).

3

■ DBR – Optimales Produktionsprogramm bei betrieblichen Engpässen					
in EUR	**Marmor**	**Schoko**	**Käsek.**	**Kirscht.**	**Summe**
1. Erlös / St.	1,50 €	1,60 €	1,80 €	2,10 €	
2. - var. Stückkosten	0,60 €	0,80 €	0,80 €	0,90 €	
3. db (= DB pro St.)	0,90 €	0,80 €	1,00 €	1,20 € ❶	
Rang – absolut	3	4	2	1	
4. Zeit in min./St.	2 min	2 min	5 min	5 min ❷	
5. db je min.	0,45 €	0,40 €	0,20 €	0,24 € ❸	
Rang – relativ	1	2	4	3	
6. absetzbare Menge	500 St.	600 St.	500 St.	400 St.	2.000 St. ❹
max. Zeitbedarf	1.000 min	1.200 min	2.500 min	2.000 min	6.700 min
7. opt. Programm	❺ 500 St.	❻ 600 St.	❽ –	❼ 280 St.	1.380 St.
notwendige Zeit	1.000 min	1.200 min	–	1.400 min	3.600 min
8. DB – optimal	❾ 450,00 €	480,00 €	–	336,00 €	1.266,00 €

❸ Aus dem Stückdeckungsbeitrag und der jeweils notwendigen Fertigungszeit lässt sich der **Stückdeckungsbeitrag je Minute** ermitteln. Dieser ist bei Marmorkuchen am größten und bei Käsekuchen am kleinsten. Dies wird durch den **relativen Rang** ausgewiesen.

❹ Weiterhin wird die jeweils am Markt **absetzbare Menge** als Vorgabe benötigt. Multipliziert man diese mit der jeweils notwendigen Fertigungszeit, erhält man den **maximalen Zeitbedarf**. So benötigen 500 St. Marmorkuchen bei einer Fertigungszeit pro Stück von 2 min. insgesamt 1.000 min.

❺ Da jedoch ein **Fertigungsengpass** vorliegt, kann nicht die gesamte absetzbare Menge produziert werden, weshalb nun berechnet wird, was das aus kostenrechnerischer Sicht **optimale Fertigungsprogramm** darstellt. Hierbei wird zunächst das Produkt mit dem größten Stückdeckungsbeitrag je Engpassfaktor herangezogen – in unserem Fall die Marmorkuchen. Dieser sollte nun im maximal möglichen Umfang gebacken werden. Dazu muss überprüft werden, ob die vorhandene Zeit überhaupt ausreicht, die gesamte absetzbare Menge zu produzieren.

3

Dies ist hier möglich, da für die gesamte Menge nur 1.000 min benötigt werden, aber insgesamt 3.600 min zur Verfügung stehen.

❻ Sofern ein Rest übrig bleibt, wird der Kuchen mit dem zweithöchsten db betrachtet – hier Schokokuchen. Dieser sollte nun, sofern möglich, ebenfalls im maximalen Umfang produziert werden. Da wir noch (3.600 min – 1.000 min =) 2.600 min zur Verfügung haben, können wir die gesamten 600 Stück backen, da diese nur 1.200 min benötigen.

❼ Es bleiben sogar noch (2.600 min – 1.200 min =) 1.400 min übrig, die nun für den drittbesten Rang verwendet werden sollten. Von den Kirschtorten könnten 400 Stück abgesetzt werden. Dies würde 2.000 min Fertigungszeit benötigen. Da wir aber nur noch 1.400 min zur Verfügung haben, kann auch nur ein Teil davon produziert werden. Zur Ermittlung dieser Menge teilen wir einfach die verbleibende Zeit (1.400 min) durch den Zeitbedarf je Kirschtorte mit 5 min/St. Dabei erhalten wir 280 noch mögliche Kirschtortenstücke.

❽ Für die Produktion des Käsekuchens verbleibt leider keine Zeit mehr. Daran sehen Sie auch, dass dies in der Praxis so wenig Sinn machen würde. Käsekuchen ganz aus dem Sortiment zu nehmen wäre wohl kaum zu empfehlen. Denn es könnte ja sein, dass Familien nur zusammen Kuchen kaufen, und uns daher auch Absatzeinbußen bei anderen Kuchentypen drohen könnten. Trotzdem ist diese Berechnung als Simulationsrechnung sinnvoll, um uns eine Orientierung zu liefern.

❾ Theoretisch besteht das **optimale Produktionsprogramm** aus 500 St. Marmorkuchen, 600 St. Schokokuchen und 280 St. Kirschtorte. Das optimale Produktionsprogramm ergäbe einen **maximalen Deckungsbeitrag** von 1.266 €. Jedes andere mögliche Fertigungsprogramm ergäbe einen geringeren DB. Würden wir uns nicht an den relativen, sondern an den absoluten Deckungsbeiträgen orientieren, wäre unser Gesamtdeckungsbeitrag nur 800 € groß.

3.5 Plankostenrechnung

Zu den **Zielen der Kosten- und Leistungsrechnung** zählt die **Kostenkontrolle**. Eine Form der Kostenkontrolle stellt die **Normalkostenrechnung** dar. Dort werden die tatsächlichen Istkosten einer Kostenstelle mit den normalerweise zu erwartenden und in der Vorkalkulation verwendeten **Normalkosten** verglichen. Letztlich ergibt sich damit aber immer nur ein **Ist-Ist-Vergleich**, d. h. es werden die aktuellen Zahlen mit denjenigen der Vergangenheit verglichen. Zudem fehlt hier eine Analyse der Ursachen für gegebenenfalls eintretende Abweichungen. An dieser Stelle setzt die zukunftsorientierte **Plankostenrechnung** ein. Sie vergleicht tatsächlich eintretenden Ist-Werte mit **Soll-Werten**. Diese Planzahlen müssen aber nicht zwingend reine Vergangenheitswerte sein. Sie können sich auch aufgrund von Einschätzungen hinsichtlich der zukünftigen Entwicklung ergeben (bspw. Wechselkurs- oder Rohstoffpreisentwicklung).

Die Plankostenrechnung bezieht sich jeweils auf eine Kostenstelle (bzw. alternativ auf einzelne Kostenträger). Dabei werden verschiedene Formen der Plankostenrechnung unterschieden. Die **starre Plankostenrechnung** ist ein sehr einfaches Controlling-Instrument und stellt einen simplen Vergleich zwischen den Soll- und Istwerten her. Dabei unterscheidet sie *nicht* zwischen fixen und variablen Kostenbestandteilen. Die daraus resultierende **Proportionalisierung der Fixkosten** ist der immerwährende Hauptkritikpunkt an der Vollkostenrechnung.

Fixkosten sind innerhalb ihrer möglichen Kapazität starr und unveränderlich. In bestimmten Bereichen der Kostenrechnung (bspw. Zuschlagskalkulation u. starre Plankostenrechnung) werden die Fixkosten aber so behandelt, als ob sie veränderlich (variabel) seien. In diesem Fall spricht man von einer Proportionalisierung der Fixkosten. Die Zuschlagskalkulation mit Gemeinkosten-Zuschlagssätzen führt dazu, dass bspw. bei doppelt so hohen Einzelkosten auch doppelt so hohe Gemeinkosten einkalkuliert werden. Aber es ist offensichtlich, dass sich dadurch die Fixkosten nicht verändern (bspw. Miete).

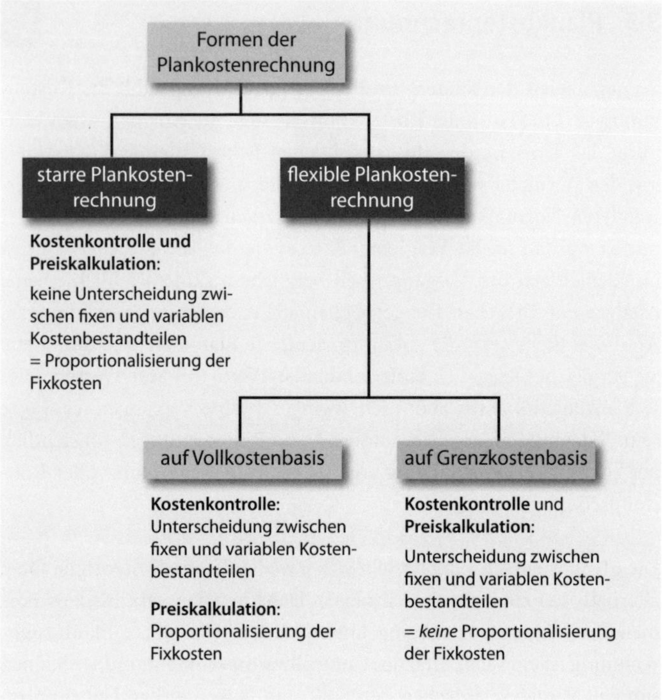

3

```
                    Formen der
                  Plankostenrechnung


    starre Plankosten-              flexible Plankosten-
        rechnung                        rechnung

 Kostenkontrolle und
 Preiskalkulation:

 keine Unterscheidung zwi-
 schen fixen und variablen
 Kostenbestandteilen
 = Proportionalisierung der
 Fixkosten

                              auf Vollkostenbasis        auf Grenzkostenbasis

                         Kostenkontrolle:               Kostenkontrolle und
                         Unterscheidung zwischen        Preiskalkulation:
                         fixen und variablen Kosten-
                         bestandteilen                  Unterscheidung zwischen
                                                        fixen und variablen Kosten-
                         Preiskalkulation:              bestandteilen
                         Proportionalisierung der
                         Fixkosten                      = keine Proportionalisierung
                                                        der Fixkosten
```

3.5.1 Starre Plankostenrechnung

Für den Monat Juli wird eine Produktionsmenge in   F 2012/S1: A2a-c, 8 Pt.
Höhe von 1.000 Stück Apfelkuchen (= **Planbeschäftigung**) mit dazu-
gehörigen Kosten im Umfang von 1.000 € geplant (= **Plankosten,** davon
seien 500 € fix). Tatsächlich können im Juli aufgrund des ungünstigen
Wetters nur 700 Stück Apfelkuchen verkauft werden (**Istbeschäftigung**).
Die **Istkosten** hierfür liegen bei 900 €.

Es ist offensichtlich, dass die Planwerte nicht realisiert wurden. Dabei
stellt sich die Frage, inwiefern die Abweichungen zu erklären sind. Damit setzt sich die Plankostenrechnung in Form einer Abweichungsana-
lyse auseinander.

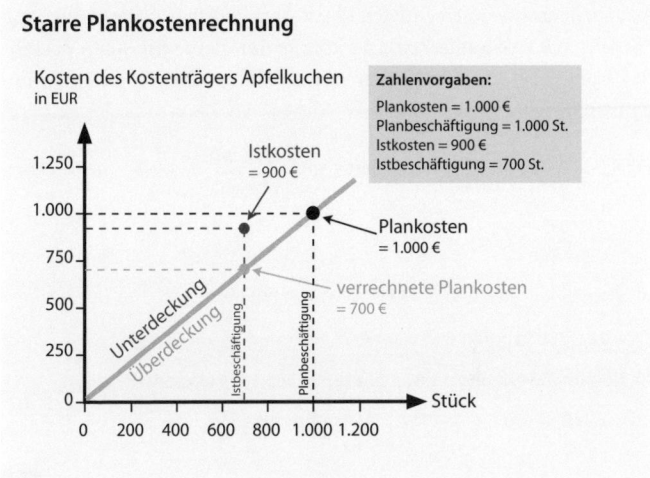

Die starre Plankostenrechnung folgert, dass bei Plankosten in Höhe von 1000 € und einer Planbeschäftigung von 1.000 Stück die geplanten Stückkosten bei 1 € liegen müssten (= **Plankostenverrechnungssatz**). Die für die abgesetzte Menge einkalkulierten Kosten werden als **verrechnete Plankosten** bezeichnet und werden als Produkt aus geplanten Stückkosten und Istbeschäftigung berechnet: Sie ergeben in unserem Beispiel 700 € (= 700 Stück mal 1 €/St.). Diese verrechneten Plankosten gingen den gesamten Monat über in die Preiskalkulation ein, decken aber nicht die tatsächlich entstandenen Istkosten im Umfang von 900 €. Die Differenz zwischen verrechneten Plankosten und Istkosten wird **Gesamtabweichung** (−200 € = Kostenunterdeckung). Sofern sich die Istkosten in der Abbildung für eine beliebige Menge oberhalb der Linie der verrechneten Plankosten befinden (wie in unserem Beispiel), handelt es sich um eine **Kostenunterdeckung**. Die einkalkulierten Kosten konnten die tatsächlich entstandenen Kosten nicht abdecken. Unterhalb der Linie hätten wir dann den Fall einer **Kostenüberdeckung**.

In unserem Fall würde die Controlling-Kontrolllampe rot leuchten und eine **Analyse der Ursachen** wäre notwendig. Eine Antwort hierauf liefert die starre Plankostenrechnung soweit nicht. Die Abbildung zeigt

3

aber auch, dass die verrechneten Plankosten bei einer Absatzmenge von 0 St. gleich 0 € sein müssten. Das könnte nur dann sein, wenn es keine Fixkosten gäbe, also alle Kosten variabel wären. Dies ist natürlich unrealistisch.

38. $\text{Plankostenverrechnungssatz (PKVS)} = \dfrac{\text{Plankosten}}{\text{Planbeschäftigung}} =$

$= \dfrac{1.000\ €}{1.000\ \text{St.}} = 1\ €/\text{St.}$

39. verrechnete Plankosten = PKVS × Istbeschäftigung =

$= 1\ € \times 700\ \text{St.} = 700\ €$

40. Gesamtabweichung = verrechnete Plankosten - Istkosten =

$= 700\ € - 900\ € = -200\ € < 0 \rightarrow$ Unterdeckung

3.5.2 Flexible Plankostenrechnung

Wenn von den 1.000 € Plankosten 500 € fix seien, dann lässt sich daraus ableiten, wie groß die Kosten hätten sein sollen, sofern die Absatzmenge eine bestimmte Höhe erreicht. Wir dividieren hierfür die variablen Plankosten durch die Planbeschäftigung und erhalten den **variablen Plankostenverrechnungssatz** mit 0,50 € je Stück (500 € variable Plankosten dividiert durch 1.000 Stück). Die erlaubten **Sollkosten** erhält man durch die Multiplikation des

F **2011/S1: A7a-c,** 11 Pt.
F **2012/S1: A2d-f,** 12 Pt.
H **2012/S1: A3a-b,** 17 Pt.
F **2014/S1: A1a-c,** 10 Pt.
H **2015/S1: A7a-b,** 12 Pt.
F **2016/S1: A7a-c,** 10 Pt.
H **2016/S1: A4a-b,** 10 Pt.
F **2017/S1: A7a-b,** 9 Pt.
H **2017/S1: A6a-c,** 10 Pt.
F **2018/S1: A4a-c,** 13 Pt.

variablen Plankostenverrechnungssatzes mit der Istbeschäftigung und einer anschließenden Addition mit den geplanten Fixkosten. In unserem Fall erhalten wir 850 € (0,50 €/St. mal 700 Stück plus 500 € Fixkosten). Die Sollkosten lassen sich ebenfalls als Gerade in die Abbildung eintragen. Sie beginnen links bei den Fixkosten und steigen in Höhe der variablen Stückkosten an. Sie müssen die Plankosten bei der Planbeschäftigung schneiden. Daraus lassen sich zwei weitere Formen der Abweichung ableiten:

3

Flexible Plankostenrechnung auf Vollkostenbasis

Für den Kostenträger Apfelkuchen gilt:

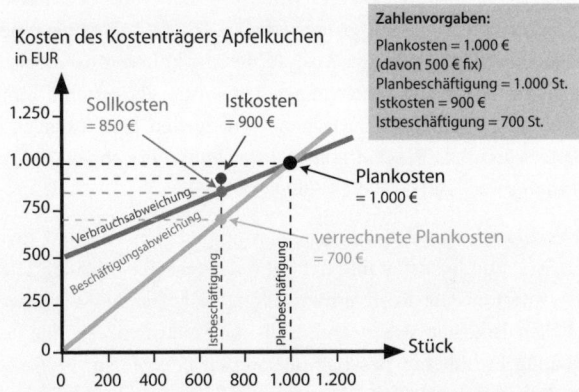

Zahlenvorgaben:
Plankosten = 1.000 €
(davon 500 € fix)
Planbeschäftigung = 1.000 St.
Istkosten = 900 €
Istbeschäftigung = 700 St.

41. Plankostenverrechnungssatz (PKVS) $= \dfrac{\text{Plankosten}}{\text{Planbeschäftigung}} =$

$$= \frac{1.000 \ €}{1.000 \ \text{St.}} = 1 \ €/\text{St.}$$

42. verrechnete Plankosten = PKVS × Istbeschäftigung =

$$= 1 \ €/\text{St.} \times 700 \ \text{St.} = 700 \ €$$

43. Gesamtabweichung = verrechnete Plankosten - Istkosten =

$$= 700 \ € \ - \ 900 \ € = \ - \ 200 \ €$$

44. variabler Plankostenverrechnungssatz $= \dfrac{\text{variable Plankosten}}{\text{Planbeschäftigung}} =$

$$= \frac{500 \ €}{1.000 \ \text{St.}} = 0,50 \ €/\text{St.}$$

45. Sollkosten = variabler PKVS × Istbeschäftigung + gepl. Fixkosten =

$$= 0,50 \ €/\text{St.} \times 700 \ \text{St.} + 500 \ € = 850 \ €$$

3

- Die **Beschäftigungsabweichung** repräsentiert die Fixkostendegression. Sofern die geplante Auslastung in Höhe von 1.000 Stück nicht erreicht werden kann, verteilen sich die geplanten Fixkosten auf weniger Stück, wodurch die Fixkosten pro Stück und damit auch die Stückkosten insgesamt größer werden. Insofern wäre bei einer geringeren als der geplanten Auslastung eine höhere Kostenbelastung als die durch die verrechneten Plankosten dargestellte Linie notwendig. Die Differenz zwischen verrechneten Plankosten und Sollkosten wird als Beschäftigungsabweichung bezeichnet. Sie beträgt in unserem Fall -150 € (= 700 € $-$ 850 €).

- Die **Verbrauchsabweichung** erfasst hingegen den Abstand zwischen Soll- und Istkosten und beträgt -50 € (= 850 € $-$ 900 €). Hier liegt wiederum eine Kostenunterdeckung vor. Das heißt, die tatsächlichen Istkosten waren größer als die Sollkosten. Gründe liegen häufig in höheren Beschaffungspreisen oder einem größeren Verbrauch, Schwund oder Diebstahl. Auch hier ist die Plankostenrechnung nur ein Einstieg, um auf möglicherweise problematische Abweichungen hinzuweisen.

- Die **Gesamtabweichung** addiert die Beschäftigungs- und Verbrauchsabweichung und muss zum gleichen Ergebnis wie die starre Plankostenrechnung kommen (-200 € Kostenunterdeckung).

46. Beschäftigungsabweichung (BA) =

    = verrechnete Plankosten - Sollkosten =

    = 700 € $-$ 850 € = $-$ 150 €

47. Verbrauchsabweichung (VA) =

    = Sollkosten - Istkosten =

    = 850 € $-$ 900 € = $-$ 50 €

48. Gesamtabweichung (GA) = BA + VA =

    = - 150 € $-$ 50 € = $-$ 200 €

FHS-Verlag.de
Fachbuchverlag Holger Stöhr

3.6 Neuere Kostenrechnungsverfahren

3.6.1 Zielkostenrechnung (Target Costing)

Märkte mit einem Mangel an Angebot werden als H 2011/S1: A1, 12 Pt.
Verkäufermärkte bezeichnet. Die Kalkulation ist H 2014/S1: A5a-d, 13 Pt.
hier relativ einfach. Es werden einfach die anfallenden Kosten in Form
einer Vorwärtskalkulation einkalkuliert und damit der Verkaufspreis
berechnet. Im Normalfall herrschen zumindest heutzutage **Käufer-
märkte** vor. Diese Märkte sind durch überschüssige Kapazitäten gekennzeichnet, die Hersteller betreiben intensiven Wettbewerb um die
Kunden und die Preise sind eng an den Marktpreisen ausgerichtet. In
diesem Rahmen passt die **Zielkostenrechnung (target costing)**, die von
gegebenen Marktpreisen ausgeht und damit eine Art Rückwärtskalkulation durchführt.

Zu den **Phasen der Zielkostenrechnung** gehören:

- **Zielkostenfindungsphase**: Ausgehend vom **Zielverkaufspreis
  (target price)** wird die geplante Gewinnmarge abgezogen. Daraus
  ergeben sich die erlaubten Kosten (**allowable costs**). Sofern diese
  niedriger als die vorherrschenden **Standardkosten (drifting costs)**
  sind (= **Zielkostenlücke**), müssen die Kosten in den einzelnen
  Funktionsbereichen gesenkt werden.

- **Zielkostenspaltungsphase**: Hier werden die gesamten erlaubten
  Zielkosten auf die einzelnen Produktelemente bzw. Funktionen
  verteilt. So könnten überflüssige Funktionen und damit Kosten eliminiert werden. Eine ergänzende **Wertanalyse** ist bestrebt, die er-
  forderlichen Funktionen eines Produkts mit niedrigeren Kosten zu
  erzielen.

- Die **Zielkostenerreichungsphase** behandelt die konkrete Umsetzung der in Phase 2 bestimmten Maßnahmen.

Tipp:

In Prüfungen sind hier Formen der Rückwärtskalkulation zu berechnen. Hierfür benötigen Sie Wissen aus dem Fach Rechnungswesen (WQ-Teil).

3.6.2 Prozesskostenrechnung

Es wird nicht mehr auf der traditionellen Einteilung des Betriebs in Abteilungen/Kostenstellen aufgebaut. Nicht mehr der sachliche Betriebsaufbau (*verrichtungsorientierte Organisation*) steht im Vordergrund, sondern eine **prozessorientierte Sicht der Organisation.** Für die Kostenrechnung bedeutet dies eine Kalkulation ausgehend von einzelnen Prozessen (Tätigkeiten, Abläufen), für die Prozesskostensätze berechnet werden. Dabei setzen sich die einzelnen Hauptprozesse aus Teilprozessen zusammen, die auch abteilungsübergreifend sein können.

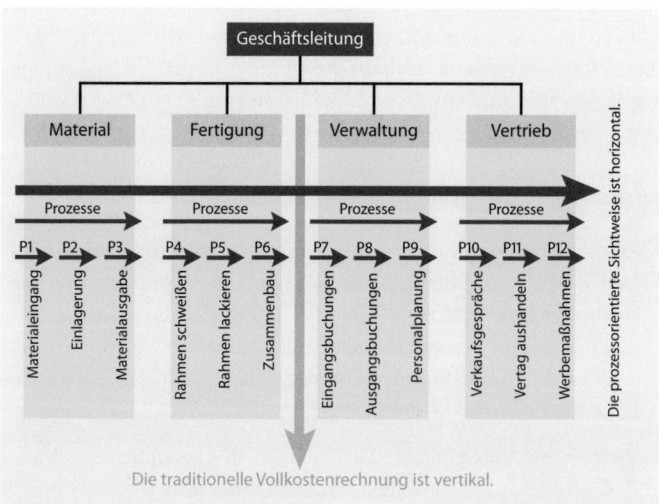

Es zeigt sich klar der **horizontale Charakter der Prozesskostenrechnung,** dabei sind viele (Teil-) Prozesse notwendig um das von den Lieferanten erhaltene Fertigungsmaterial als Fertigprodukt an den Kunden weiterzureichen. Die herkömmliche (Voll-) Kostenrechnung ist demgegenüber **vertikal** und berechnet für die einzelnen Abteilungen jeweils Gemeinkostenzuschlagssätze. **Vorteile**: 1. Förderung abteilungsübergreifenden Denkens, 2. Kontrolle und Verbesserung von Prozessen, 3. Aufdeckung von Einsparungspotenzialen, 4. mehr Transparenz.

4 Controlling

4.1 Begriff des Controllings

Das Controlling besteht aus **Planung, Lenkung/Steuerung/Koordination und Kontrolle im Unternehmen.** Zur Erfüllung dieser Aufgaben benötigt das Controlling **Informationen**, die es beschafft, aufbereitet, analysiert, weiterreicht.

4.2 Aufgaben des Controllings

Zu den **Zielen des Controllings** zählen bspw.:   H 2016/S1: A2a-b, 11 Pt.

- Koordination der Unternehmensbereiche

- Grundlage für fundierte Unternehmensentscheidungen

- Entlastung und Unterstützung des Managements/der Unternehmensführung

- Einrichtung eines Frühwarnsystems zur rechtzeitigen Information des Managements bzgl. relevanter Entwicklungen bzw. Informationssystem für das Management

Das Controlling hat die folgenden **Aufgaben** bzw. Funktionen:

- **Planung**: Erstellung von Plänen, Plausibilitätsprüfung dieser, Zusammenführung von Teil- und Gesamtplänen.

- **Lenkung/Steuerung/Koordination**: Empfehlungen für die einzelnen Abteilungen (keine Weisungsbefugnis), Koordination der einzelnen Bereiche/Abteilungen/Projekte.

- **Kontrolle im Unternehmen**: regelmäßige Soll-/Ist-Vergleiche, Analyse von Abweichungen, Soll-/Wird-Analysen.

- Zur Erfüllung dieser Aufgaben benötigt das Controlling **Informationen**, die es beschafft, aufbereitet, analysiert, weiterreicht: Kennzahlen, Berichte erstellt, Steuerungsinformationen für die einzelnen Abteilungen/Bereiche.

4

4.3 Ablauf des Controllings

Der Ablauf des Controllings (Controlling-Regelkreis) kann im Grunde genommen mit der Definition gleichgesetzt werden: 1. Planung, 2. Steuerung und 3. Kontrolle.

4.4 Organisatorische Eingliederung

In die **Aufbauorganisation** von kleineren Unternehmen kann das Controlling durch einen oder mehrere Mitarbeiter in Form einer bzw. mehrerer Stabsstellen integriert werden. In größeren Unternehmen kann es auch eigene Abteilungen geben. Controlling kann in unterschiedlichen **Funktionsbereichen** stattfinden: bspw. Finanz-, Personalcontrolling.

4.5 Operatives Controlling

Es wird zwischen dem strategischen und dem operativen Controlling unterschieden:

- Das **strategische Controlling** beschäftigt sich mit der grundlegenden, langfristigen Richtung der Entwicklung, also der Frage, wo das Unternehmen in fünf oder zehn Jahren stehen möchte.

- Das zahlenlastige **operative Controlling** versucht diese vorgegebene Zielrichtung im Detail umzusetzen. Dazu werden für die einzelnen Bereiche konkrete kurzfristige Pläne (bspw. Budgets) gemacht. Zudem werden vielfältige Kennzahlen eingesetzt.

- Die **Kontrolle** erfolgt dabei mit Soll-Ist-Vergleichen von Kennzahlen (am Ende), Soll-Wird-Vergleichen (zwischendurch), Branchenvergleichen (mit den stärksten Konkurrenten), Zeitvergleichen (letztes Jahr vs. dieses Jahr) und bei größeren Unternehmen mit Vergleichen zwischen einzelnen Betriebsstätten oder zwischen einzelnen Filialen.

FHS-Verlag.de
Fachbuchverlag Holger Stöhr

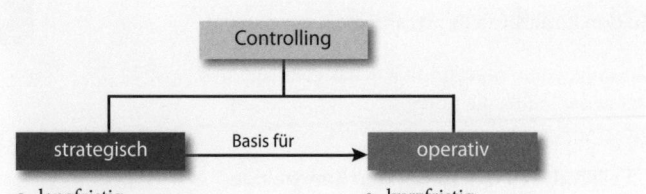

- langfristig
- qualitativ
  - zielorientiert
  - vage/ungenau
- dem höheren Management zugeordnet
- zu den Instrumenten bzw. **Analysetechniken** zählen:
  - Portfolio-Analyse
  - Produktlebenszyklusanalyse
  - Balanced Scorecard
  - SWOT-Analyse
  - Benchmarking

- kurzfristig
- quantitativ
  - an Kennzahlen orientiert
  - detailliert
- dem unteren Management zugeordnet
- zu den Instrumenten bzw. **Kontrollsystemen** zählen:
  - Kennzahlen
  - Budgets, Soll-Ist-Analysen
  - Plankostenrechnung
  - Gewinnschwellenanalyse
  - Rentabilitätsrechnungen

Zu den **Instrumenten des operativen Controllings** zählen u. a.:

- In den unterschiedlichen Funktionsbereichen eines Unternehmens sind jeweils verschiedene **Kennzahlen** nutzbar: bspw. Absatz (Verkaufszahlen nach Menge, Umsatz, Region und Artikelgruppen), Personal (Beschäftigte unterschieden nach Alter etc., Fluktuationsraten).

- Im Bereiche der Kostenrechnung sind auch Break-even-Analysen zur Berechnung der Gewinnschwelle nutzbar.

Zu den konkreten Kennzahlen

Die folgenden Berechnungen basieren auf den
Daten der Fallstudie unten:

F 2015/S1: A7a-b, 12 Pt.

Fallstudie zu den folgenden Kennzahlen

A	Bilanz in T€		P
Anlagevermögen	500	**Eigenkapital**	250
Grundstücke/Gebäude	240		
BGA	260		
Umlaufvermögen	300	**Fremdkapital**	550
Eiserner Bestand	50	Darlehen (langfristig)	250
Vorräte	100	Rückstellungen (langfr.)	150
Forderungen	90	Lieferantenschulden	100
Wertpapiere	10	Kontokorrentkredit	20
Kasse, Bank	50	Sonstiges kurz. FK	30
Gesamtvermögen	**800**	**Gesamtkapital**	**800**

S	GuV in T€		H
Aufwendungen		**Erträge**	
Materialeinsatz	150	(Umsatz-) Erlöse	500
Personal	200	Sonstige Erträge	50
Abschreibungen	50		
Sonstige	100		
Zinsen	20		
Gewinn	**30**		
Summe	**550**	**Summe**	**550**

Rentabilitäten

- Die **Eigenkapitalrentabilität** (Unternehmerrentabilität) beschreibt die Rendite des eingesetzten Kapitals der Eigentümer des Unternehmens.

F 2011/S1: A8a-b, 9 Pt.
F 2016/S1: A9d,f, 4 Pt.
F 2017/S1: A10b, 6 Pt.

- Die **Gesamtkapitalrentabilität** (Unternehmensrentabilität) beschreibt die Rendite des investierten Kapitals – unabhängig davon, ob es von Eignern (erhalten Gewinne ausgeschüttet) oder Fremdkapitalgebern (erhalten Zinsen) stammt.

    FHS-Verlag.de
Fachbuchverlag Holger Stöhr

4

- Die **Umsatzrentabilität** setzt den Gewinn ins Verhältnis zum Umsatz des Unternehmens. Diese Kennzahl taugt nur bei Branchenvergleichen.

49. $\text{Eigenkapitalrentabilität} = \dfrac{\text{Gewinn}}{\text{Eigenkapital}} \times 100\,\% = \dfrac{30}{250} \times 100\,\% = 12\,\%$

50. $\text{Gesamtkapitalrentabilität} = \dfrac{(\text{Gewinn} + \text{Zinsaufwendungen})}{\text{Gesamtkapital}} \times 100\,\%$

$$= \dfrac{(30 + 20)}{800} \times 100\,\% = \dfrac{50}{800} \times 100\,\% = 6,25\,\%$$

51. $\text{Umsatzrentabilität} = \dfrac{\text{Gewinn}}{\text{Umsatz}} \times 100\,\% = \dfrac{30}{500} \times 100\,\% = 6\,\%$

Definition des Leverage-Effekts: Wenn die Gesamtkapitalrentabilität größer als der Fremdkapitalzinssatz ist, kann die Eigenkapitalrentabilität durch einen verstärkten Fremdkapitaleinsatz erhöht werden.

Wenn die Gesamtkapitalrentabilität bspw. bei 5 Prozent liegt, bedeutet dies, dass jeder – egal ob durch Eigen- oder Fremdkapital – investierte Euro in unserem Unternehmen 5 Ct. pro Jahr erwirtschaftet. Liegt der Kreditzins für Fremdkapital bei 4 Prozent, zahlen wir für diesen Euro indessen nur 4 Ct. pro Jahr. Also könnten wir durch eine Fremdkapitalaufnahme zusätzliche Gewinne von 1 Ct. je Euro Kredit erzielen, die damit automatisch die Eigenkapitalrentabilität erhöhen.

Ein negativer **Leverage-Effekt** wird **Leverage risk** genannt (Gesamtkapitalrentabilität ist geringer als der Fremdkapitalzinssatz). Sofern der Fremdkapitalzinssatz 4 Prozent beträgt, liegt der Fall eines **Leverage-Effekts** vor. Sofern der Fremdkapitalanteil erhöht wird, kann die Eigenkapitalrentabilität gesteigert werden.

Die **Debitorenlaufzeit** steht für den durchschnittlichen Zeitraum des Rückflusses der Kundenrechnungen in Tagen. Die **Forderungsausfallquote** steht für den durchschnittlichen Ausfall der Forderungen in Prozent. Den **Kapitalumschlag** erhält man durch eine Division von Umsatz und Eigenkapital. *Zahlreiche weitere Formeln entnehmen Sie bitte der Formelsammlung.*

Vertikale Bilanzkennzahlen

Die vertikalen Bilanzkennzahlen (**Eigenkapital-**   F 2016/S1: A9e, 2 Pt.
quote, Verschuldungskoeffizient) betrachten jeweils nur Zahlen einer
Bilanzseite und setzen diese in Relation zueinander:

52. $\text{Eigenkapitalquote} = \dfrac{\text{Eigenkapital}}{\text{Gesamtkapital}} \times 100\,\% = \dfrac{250}{800} \times 100\,\% = 31{,}25\,\%$

53. $\text{Fremdkapitalquote} = \dfrac{\text{Fremdkapital}}{\text{Gesamtkapital}} \times 100\,\% = \dfrac{550}{800} \times 100\,\% = 68{,}75\,\%$

54. $\text{Verschuldungskoeffizient} = \dfrac{\text{Fremdkapital}}{\text{Eigenkapital}} = \dfrac{550}{250} = 2{,}20$

Die Formeln zur Kapitalseite der Bilanz geben Auskunft über den **Ver-
schuldungsgrad** des Unternehmens. Eine geringe **Eigenkapitalquote**
deutet auf eine Überschuldung hin. Oftmals werden hier 25 %, 33,33 %
oder gar 50 % gefordert.

55. $\text{Anlagenintensität} = \dfrac{\text{Anlagevermögen}}{\text{Gesamtvermögen}} \times 100\,\% = \dfrac{500}{800} \times 100\,\% = 62{,}50\,\%$

56. $\text{Umlaufintensität} = \dfrac{\text{Umlaufvermögen}}{\text{Gesamtvermögen}} \times 100\,\% = \dfrac{300}{800} \times 100\,\% = 37{,}50\,\%$

Die Formeln zur Vermögensseite (**Anlagenintensität, Umlaufintensi-
tät**) sind allenfalls im Branchenvergleich aussagekräftig. In bestimmten
Branchen (bspw. Chemie) ist die Anlagenintensität relativ hoch.

Horizontale Bilanzkennzahlen

Es wird geprüft, inwiefern die Fristen auf der linken   F 2015/S1: A7a-b, 4 Pt.
Seite der Bilanz mit den Fristen der rechten Seite   F 2016/S1: A9a-c, 6 Pt.
übereinstimmen (= **Fristenkongruenz**).

     FHS-Verlag.de
Fachbuchverlag Holger Stöhr

4

57. $\text{Anlagendeckung I} = \dfrac{\text{Eigenkapital}}{\text{Anlagevermögen}} \times 100\,\% = \dfrac{250}{500} \times 100\,\% = 50\,\%$

58. $\text{Anlagendeckung II} = \dfrac{\left(\text{Eigenkapital} + \text{langfristiges FK}\right)}{\text{Anlagevermögen}} \times 100\,\%$

$= \dfrac{\left(250 + 400\right)}{500} \times 100\,\% = 130\,\%$

59. $\text{Anlagendeckung III} = \dfrac{\left(\text{Eigenkapital} + \text{langfristiges FK}\right)}{\left(\text{Anlagevermögen} + \text{langfr. UV}\right)} \times 100\,\%$

$= \dfrac{\left(250 + 400\right)}{\left(500 + 50\right)} \times 100\,\% = 118,18\,\%$

Die **Anlagendeckungsgrade I bis III** untersuchen, inwiefern das langfristig gebundene Vermögen (Anlagevermögen + ggf. das langfristig gebundene Umlaufvermögen) durch langfristiges Kapital finanziert ist. Dabei sollten sowohl der II. und der III. Grad über 100 Prozent liegen, um die Fristenkongruenz zu gewährleisten.

60. $\text{Liquidiät I} = \dfrac{\left(\text{Kasse} + \text{Bank} + \text{Wertpapiere des UV}\right)}{\text{kurzfristiges Fremdkapital}} \times 100\,\%$

$= \dfrac{\left(50 + 10\right)}{150} \times 100\,\% = 40\,\%$

61. $\text{Liquidiät II} = \dfrac{\left(\text{Kasse} + \text{Bank} + \text{Wertpapiere des UV} + \text{FLL}\right)}{\text{kurzfristiges Fremdkapital}} \times 100\,\%$

$= \dfrac{\left(50 + 10 + 90\right)}{150} \times 100\,\% = 100\,\%$

62. $\text{Liquidiät III} = \dfrac{\left(\text{Kasse} + \text{Bank} + \text{Wertpapiere des UV} + \text{FLL} + \text{Vorräte}\right)}{\text{kurzfristiges Fremdkapital}} \times 100\,\%$

$= \dfrac{\left(50 + 10 + 90 + 100\right)}{150} \times 100\,\% = 166,67\,\%$

63. $\text{Working capital ratio in \%} = \dfrac{\text{Umlaufvermögen}}{\text{kurzfristiges Fremdkapital}} \times 100\,\%$

$= \dfrac{300}{150} \times 100\,\% = 200\,\%$

4

Ziel der **Liquiditätsgrade I bis III** ist, zu prüfen, ob das kurzfristig fällige Fremdkapital durch kurzfristig liquidierbares Vermögen abgedeckt ist (ansonsten Gefahr der Illiquidität). Hier sollte zumindest der Liquiditätsgrad III deutlich über 100 Prozent liegen. Ist der erste Liquiditätsgrad hingegen zu hoch, deutet es auf unrentable Geldanlagen hin.

Sonstige Kennzahlen

In der Formelsammlung finden zahlreiche weitere Kennzahlen, die im Prüfungsfall von dort übernommen und berechnet werden könnten. Hierzu zählen bspw.:

F 2015/S1: A7a-b, 8 Pt.
F 2017/S1: A10a,c, 10 Pt.

- **EBT** (Earnings before tax) = Gewinn vor Abzug von Steuern.

- **EBIT** (Earnings before interest & tax) = Gewinn vor Abzug von Zinsen und Steuern.

- **EBITDA** (Earnings before interest, tax, depreciation & amortisation) = Gewinn vor Abzug von Abschreibungen, Zinsen und Steuern.

DBR als Entscheidungshilfe

Zu den Grundlagen der Deckungsbeitragsrechnung vergleiche Kapitel 3.4.

F 2011/S1: A8c, 6 Pt.

Berichtswesen

Eine wesentliche Aufgabe des Controllings ist die Erstellung von **Berichten**, z. B.:

- **Personalberichte**: Personalkosten, -kennzahlen, Beschäftigte

- **Finanzberichte**: Liquiditätsplanung, Soll-Ist-Abweichungen

- **Erfolgsberichte**: mehrstufige Deckungsbeitragsrechnung, Kostenträgerzeitrechnung

- **Fertigungsberichte**: Auslastungsgrade, Mengen, Ausschuss

4.6 Strategisches Controlling

Portfolio-Analyse

Die **Portfolio-Analyse** betrachtet neben dem Produktlebenszyklus weitere Faktoren, die Auskunft über die Lage und zukünftige Entwicklungen unserer Produkte geben könnten. Ziel ist dabei jeweils eine angepasste optimale Strategie (**Normstrategie**) für die einzelnen Produkte in den 4 Feldern:

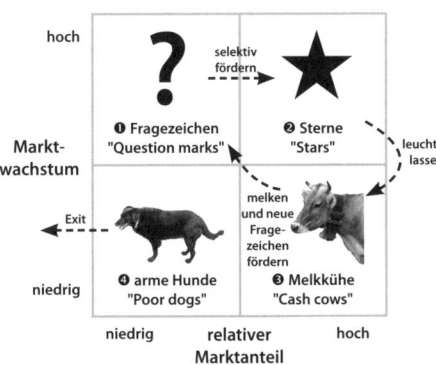

Tipp:
Die Bedeutung der Produkte, Produktgruppen oder Sparten kann durch die Größe von Kreisen dargestellt werden.

❶ **Fragezeichen** (Question marks): Diese Märkte mit Chancen sind problematisch. Sofern die Chancen gut stehen, vom Marktwachstum zu profitieren, sollte kräftig investiert werden (**Offensivstrategie**). Andernfalls sollte ein Rückzug vom Markt erwogen werden.

❷ **Sterne** (Stars) müssen am Himmel bleiben. Daher muss investiert werden, um die Marktstellung halten zu können (**Wachstumsstrategie**).

❸ Bei **Melkkühen** (Cash cows) sollten nur die notwendigen Investitionen durchgeführt werden. Die Überschüsse sollten zur Förderung zukünftiger Stars in aktuelle, Erfolg versprechende Fragezeichen investiert werden (**Gewinnabschöpfungsstrategie**).

4

❹ Die **armen Hunde** (Poor dogs) sollten vom Markt eliminiert werden (**Desinvestitionsstrategie**). Nur aus Gründen der Produktion, des Sortiments oder des Images könnte ein Weiterbetrieb gerechtfertigt sein.

Produktlebenszyklusanalyse

Es werden fünf Phasen unterschieden: ❶ Einführungsphase, ❷ Wachstumsphase, ❸ Reifephase, ❹ Sättigungsphase und ❺ Degenerationsphase. Aufgrund hoher Einführungskosten (Forschung und Entwicklung, Werbung) entstehen zu Beginn Verluste. In der Wachstums-/ Reifephase kommen für gewöhnlich Konkurrenten auf den Markt und mindern die Gewinne – trotz noch steigender Umsätze. Es können grundsätzlich Gewinn, Umsatz, Marktanteil, Deckungsbeitrag usw. betrachtet werden.

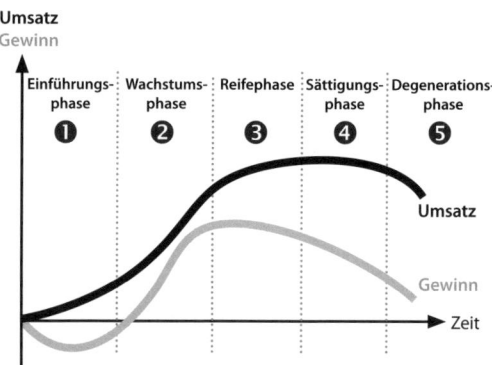

Zusammenhang Produktlebenszyklus u. Portfolio-Analyse

- Einführungs-/Wachstumsphase: Fragezeichen (Question marks)

- Wachstumsphase: Sterne (Stars)

- Reifephase: Melkkühe (Cash cows)

- Degenerationsphase (Rückgangsphase): arme Hunde (Poor dogs)

Balanced Scorecard

Das Controlling basiert auf Informationen und einem darauf aufbauenden Berichtswesen. Es stellt sich jedoch die Frage, welche Kennzahlen bzw. Informationen hier berücksichtigt werden sollen. Dabei besteht die grundsätzliche Gefahr, zu wenige, zu viele, die falschen oder einseitig ausgerichtete Informationen zu verwerten. Hier setzt die Methode der **Balanced Scorecard** (ausgewogener Berichtsbogen) an.

Ziel der Balanced Scorecard ist eine ausgewogene Mischung von Informationen aus unterschiedlichen Bereichen bzw. Perspektiven zusammenzutragen. Hierfür werden vor allem die folgenden 4 Bereiche bzw. Perspektiven verwendet:

- **Finanzperspektive**: Kennzahlen in Bezug auf die Erreichung finanzwirtschaftlicher Ziele.

- **Kundenperspektive**: Analyse der Markt-, Branchen- und Konkurrenzsituation sowie der Beurteilung durch Kunden.

- **Prozessperspektive**: Ziel ist die Optimierung von Prozessen (Ablauforganisation) und damit zusammenhängenden Informationen.

- **Wachstums-/Entwicklungsperspektive**: Identifizierung der Aspekte, die einen langfristigen Erfolg ermöglichen.

Benchmarking

Das **Benchmarking** ist ein System zur Messung bzw. Einordnung a) unseres Unternehmens im externen Vergleich mit dem stärksten Mitbewerber oder b) im internen Vergleich zwischen Abteilungen/Produkten u. zur Beurteilung von Mitarbeitern. Vorteil: Offenlegung von Schwachstellen. Nachteile/Probleme: Beschaffung entsprechender Vergleichsdaten, nur Reaktion statt Aktion.

SWOT-Analyse

Die **SWOT-Analyse** ermittelt die internen Stärken (Strengths) und Schwächen (Weaknesses) des Unternehmens, um daraus eine Strategie hinsichtlich möglicher externer Chancen (Opportunities) und Risiken/ Gefahren (Threats) zu entwickeln.

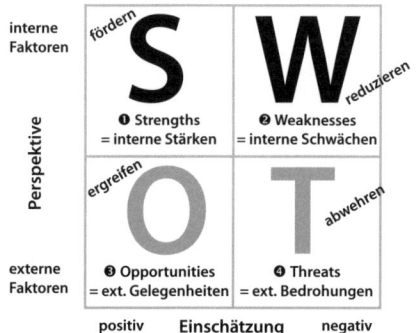

- Zu den **internen Faktoren** zählen: Qualifikation der Mitarbeiter, Kosten allgemein (bspw. Lohnniveau), Finanzkraft, Image, Innovationsstärke, Sortimentsbreite und -tiefe.

- Zu den **externen Faktoren** zählen: demografische Trends (bspw. Alterung in Industrienationen), Technologien, kultureller Wandel, Gesetzgebung, politische Lage, Konkurrenten, Lieferanten.

FHS-Verlag.de
Fachbuchverlag Holger Stöhr

Anhang A: Fragen/Aufgaben zur Prüfungssimulation

A

Prüfungssimulation 1 (insgesamt 42 Punkte)

1. Eine Investition mit einer Laufzeit von 5 Jahren verursacht zu Beginn des Jahres 2018 eine Anfangsauszahlung von 850.000 €. Der Restwert wird mit 250.000 € veranschlagt (Kalkulationszinsfuß: 7 %). Während des Investitionszeitraums fallen nachschüssig folgende Zahlungsströme an: **(Σ = 14 Punkte)**

in EUR	2018	2019	2020	2021	2022
Einzahlungen	200.000	200.000	200.000	200.000	200.000
Auszahlungen	40.000	45.000	50.000	55.000	60.000

a) Ermitteln Sie den Kapitalwert der Investition. **(4 Pt.)**

b) Berechnen Sie den internen Zinsfuß. **(8 Pt.)**

c) Wie hoch darf die Anfangsauszahlung maximal sein, um keinen negativen Kapitalwert zu erzielen? **(2 Pt.)**

2. Zur Sicherung der Logistik zwischen der Heimat und dem neuen moldawischen Standort plant die Zett AG die Anschaffung eines eigenen LKWs. Der Listenpreis beträgt 224.000 EUR. Hierfür bietet unsere Hausbank eine vollständige Finanzierung mit einem 5-jährigen Annuitätendarlehen an. Dafür sind 2 Prozent Disagio sofort fällig, der Nominalzinssatz liegt bei 6 % p. a. Der Vorteil dieser Fremdfinanzierung besteht in der Möglichkeit, bei sofortiger Bezahlung 12,5 % Prozent Rabatt bei unserem Lieferanten in Anspruch zu nehmen. **(Σ = 12 Punkte)**

a) Berechnen Sie den notwendigen Kreditbetrag. **(2 Pt.)**

b) Erstellen Sie eine Tabelle, in der die Zins- und Tilgungsentwicklung über die fünf Jahre dargestellt wird. **(8 Pt.)**

c) Ermitteln Sie die gesamten Kreditkosten. **(2 Pt.)**

A

3. Für die Kostenstelle K27 stehen für März 2017 die folgenden Daten zur Verfügung. Die Planbeschäftigung liegt bei 1.200, die Istbeschäftigung bei 1.400 Maschinenstunden. **(Σ = 12 Punkte)**

Kostenstelle: K27	Plankosten (€)			Istkosten (€)
Kostenarten	gesamt	variabel	fix	gesamt
Energiekosten	11.000	9.000	2.000	12.500
kalk. Abschr.	10.000	0	10.000	10.000
Hilfsstoffe	8.000	4.800	3.200	8.500
Gehälter	55.000	30.000	25.000	54.000
Summe	84.000	43.800	40.200	85.000

a) Berechnen Sie für die Kostenart Hilfsstoffe die Verbrauchsabweichung. Nennen Sie zwei mögliche Ursachen hierfür. **(4 Pt.)**

b) Ermitteln Sie Beschäftigungsabweichung für die gesamte Kostenstelle K27 und erläutern Sie eine mögliche Ursache für diese Abweichung. **(6 Pt.)**

c) Leiten Sie die Gesamtabweichung für die gesamte Kostenstelle K27 ab. **(2 Pt.)**

4. Die Gähn AG plant eine Intensivierung des strategischen Controllings. Unterscheiden Sie jeweils anhand von zwei Merkmalen zwischen strategischem und operativem Controlling. **(Σ = 4 Punkte)**

A

Prüfungssimulation 2   (insgesamt 40 Punkte)

1. Die Antitrend AG möchte ein Gebäude im Wert von 5 Mio. € erwerben. Als Alternative zur Darlehensaufnahme bietet uns eine Finanzierungsgesellschaft ein »Sale-and-lease-back«-Angebot. Dabei würden wir einen Teil unseres Maschinenparks im Wert von 10 Mio. € verkaufen. Die jährlichen Leasingraten betragen 500 T€. Dieses Angebot soll von Ihnen eingehend geprüft werden. Sofern nicht benötigte Mittel übrig bleiben, sollen sie zum Abbau der langfristigen Bankverbindlichkeiten dienen. Diese werden bisher im Schnitt mit 8 Prozent verzinst.   **(Σ = 16 Punkte)**

    a) Berechnen Sie die Eigenkapitalquote, die Liquiditätsgrade I bis III, sowie das »Working capital ratio«.   **(5 Pt.)**

    b) Beschreiben Sie die für den Kauf des Patents vorgeschlagene Finanzierungsform anhand dieses Beispiels.   **(5 Pt.)**

    c) Die Antitrend AG nimmt das Angebot an. Erläutern Sie die Auswirkungen auf die einzelnen Bilanzpositionen sowie den Gewinn, der bisher 500 T€ beträgt.   **(4 Pt.)**

    d) Stellen Sie vier Möglichkeiten dar, wie die Liquidität 1. Grades kurzfristig verbessert werden könnte.   **(2 Pt.)**

A		Bilanz in T€	P
Anlagevermögen	200	**Eigenkapital**	125
Grundstücke/Gebäude	120		
Maschinen	80		
Umlaufvermögen	300	**Fremdkapital**	375
Eiserner Bestand	25	Darlehen (langfristig)	100
Vorräte	75	Rückstellungen (langfr.)	75
Forderungen	100	Lieferantenschulden	150
Wertpapiere	50	Kontokorrentkredit	25
Kasse, Bank	50	Sonstiges kurz. FK	25
Gesamtvermögen	**500**	**Gesamtkapital**	**500**

2. Die Gähn AG erwägt die Anschaffung einer neuen Produktionsanlage (Nutzungsdauer jeweils 10 Jahre; Kalkulationszinssatz von 8 %). Hierfür stehen zwei Alternativen zur Auswahl: **(Σ = 12 Punkte)**

in EUR	Anlage I	Anlage II
Anschaffungskosten	500.000	275.000
Restwert	100.000	25.000
Fixkosten p. a.	150.000	100.000
variable Kosten pro St.	500	550
Nettoverkaufspreis	750	700

Die durchschnittlich jährlich absetzbare Produktionsmenge beträgt 1.000 Stück. In den fixen Kosten sind die kalkulatorischen Kosten noch nicht berücksichtigt.

a) Vergleichen Sie die Kosten der beiden Anlagen. **(5 Pt.)**

b) Ermitteln Sie die kritische Menge. **(2 Pt.)**

c) Berechnen Sie den Gewinn der beiden Anlagen. **(2 Pt.)**

d) Vergleichen Sie die Rentabilität der beiden Anlagen. **(3 Pt.)**

3. Die Gesellschaft für mobile Musik mbH stellt verschiedene MP3-Player her. Bei der Herstellung sind zwei Fertigungsanlagen zu durchlaufen. Die Anlage A hat eine monatliche Kapazität von 750 Stunden und die Anlage B von 500 Stunden. **(Σ = 10 Punkte)**

Zusätzliche Angaben	Modern	Robust	Ruhig
NVP pro Stück	50 EUR	40 EUR	38 EUR
variable Stückkosten	30 EUR	20 EUR	20 EUR
Fertigungszeit/St. Anlage A	5 min	3 min	2 min
Fertigungszeit/St. Anlage B	4 min	5 min	3 min
maximale Absatzmenge	5.000 St.	4.000 St.	3.000 St.
monatl. Lieferverpflichtung	1.250 St.	3.000 St.	0 St.

Bei der Umstellung von einem Produkt auf ein anderes entstehen Rüstzeiten von 4 Stunden und 10 Minuten bei Anlage A und von 5 Stunden bei Anlage B. Dabei ist die jeweilige Anlage für das erste Produkt zu Beginn des Monats bereits umgestellt.

a) Berechnen Sie, ob es zu betrieblichen Engpässen kommt. **(4 Pt.)**

b) Bestimmen Sie das optimale Produktionsprogramm. **(6 Pt.)**

4. Die Gähn AG plant eine Intensivierung des strategischen Controllings. Erläutern Sie zwei Ziele des Controllings. **(Σ = 2 Punkte)**

Anhang B: Lösungen zu den Aufgaben

B

Prüfungssimulation 1

1. RSP 5.1.4.2 (Kap. 1.4.2)   **(14 Punkte)**

   a) Kapitalwert = – 53.955,19 €.

n	Einzahl.	Auszahl.	EZÜ	BW 7 %	BW 5 %
0		– 850.000	– 850.000	– 850.000,00	– 850.000,00
1	200.000	– 40.000	160.000	149.532,71	152.380,95
2	200.000	– 45.000	155.000	135.383,00	140.589,57
3	200.000	– 50.000	150.000	122.444,68	129.575,64
4	200.000	– 55.000	145.000	110.619,81	119.291,86
5	450.000	– 60.000	390.000	278.064,61	305.575,20
Σ	1.250.000	– 1.100.000	150.000	$C_0 = -53.955,19$	$C_0 = -2.586,77$

   b) interner Zinsfuß (Dreisatz mit 7 % und 5 %) = 4,90 % (korrekter
      ungerundeter Wert eigentlich: 4,9041546 %)

   $$- 53.955,19 \text{ €} - (- 2.586,77 \text{ €}) = - 51.368,42 \text{ €}$$

   $$- 51.368,42 \text{ €} \mathrel{\hat{=}} - 2 \text{ %}$$

   $$- 53.955,19 \text{ €} \mathrel{\hat{=}} - x \text{ %}$$

   $$- x \text{ %} = - 2 \text{ %} \cdot \frac{- 53.955,19 \text{ €}}{- 51.368,42 \text{ €}} = - 2,10 \text{ %}$$

   → interner Zinsfuß = 7 % – 2,10 % = 4,90 %

   Tipp:

   Es lässt sich auch dann ein interner Zinsfuß mit Dreisatz oder Regula
   falsi berechnen, wenn zwei Zinssätze mit negativem Kapitalwert vorliegen.

   c) Die maximal erlaubte Anfangsauszahlung für einen Kapitalwert
      von 0 € ist einfach berechnet, indem wir von der gegebenen An-
      fangsauszahlung von –850.000 € den negativen Kapitalwert in
      Höhe von 53.955,19 € abziehen. Folglich darf die Anfangsauszah-
      lung nur maximal 796.044,81 € betragen.

B

2. RSP 5.2.3.1 (Kap. 2.3.1)   **(12 Punkte)**

Zunächst berechnen wir den notwendigen Kredit, dann die Annuität und schließlich wird ein Zins-/Tilgungsplan erforderlich:

a) notwendiger Kredit = 200.000 €

Listenpreis		224.000
- Rabatt	12,50 %	28.000
Kapitalbedarf		196.000
+ Disagio	2,00 %	4.000
Kreditbetrag		200.000

b) Zur Berechnung der Annuität benötigen wir den Barwertfaktor (BWF):

$$\text{Annuität} = \frac{\text{Kreditbetrag}}{\text{BWF}}$$

$$\text{BWF} = \frac{q^n - 1}{q^n \cdot (q - 1)} = \frac{1,06^5 - 1}{1,06^5 \cdot (1,06 - 1)} = 4,212363786$$

$$\text{Annuität} = \frac{200.000 \text{ €}}{4,212363786} = 47.479,28 \text{ €}$$

Die Summe der Tilgungsbeträge sollte 200.000 € ergeben:

n	Anfangsschuld	Zins	Tilgung	Rate
1	200.000,00	12.000,00	35.479,28	47.479,28
2	164.520,72	9.871,24	37.608,04	47.479,28
3	126.912,68	7.614,76	39.864,52	47.479,28
4	87.048,16	5.222,89	42.256,39	47.479,28
5	44.791,77	2.687,51	44.791,77	47.479,28
Σ	–	37.396,40	200.000,00	**237.396,40**

c) Die gesamten Kreditkosten ergeben sich aus der Summe der Zinsen plus Disagio: 37.396,40 € + 4.000 € = 41.396,40 €.

Tipp:

Disagio ist der Prozentsatz eines Kredits, den die Bank einbehält. Der Kapitalbedarf entspricht somit nur 98 % des Kreditbetrags.

© 2018, Fachbuchverlag Holger Stöhr (FHS)   FHS-Verlag.de   Fachbuchverlag Holger Stöhr

B

3. RSP 5.3.5 (Kap. 3.5)   **(12 Punkte)**

a) variabler PKVS für Hilfsstoffe $=\dfrac{4.800\,\text{€}}{1.200\,\text{Std.}} = 4\,\text{€/Std.}$ (= variabler PKVS)

Sollkosten = variabler PKVS × Istbeschäftigung + gepl. Fixkosten =

= 4 €/Std. × 1.400 Std. + 3.200 € = 8.800 €

VA = Sollkosten - Istkosten = 8.800 € - 8.500 € = + 300 € > 0 → Überdeckung

mögliche Ursachen: geringerer Ausschuss oder sinkende Beschaffungspreise

b) Plankostenverrechnungssatz $=\dfrac{84.000\,\text{€}}{1.200\,\text{Std.}} = 70\,\text{€/Std.}$ (= PKVS)

verrechnete Plankosten = PKVS × Istbeschäftigung =

= 70 €/Std. × 1.400 Std. = 98.000 €

variabler PKVS für K27 $=\dfrac{43.800\,\text{€}}{1.200\,\text{Std.}} = 36{,}50\,\text{€/Std.}$ (= variabler PKVS)

Sollkosten = variabler PKVS × Istbeschäftigung + gepl. Fixkosten =

= 36,50 €/Std. × 1.400 Std. + 40.200 € = 91.300 €

Beschäftigungsabweichung (BA) = verrechnete Plankosten - Sollkosten =

= 98.000 € - 91.300 € = + 6.700 € > 0 → Überdeckung

Ursache: Fixkostendegression, die Fixkosten verteilen sich auf eine

größere Beschäftigung

c) Gesamtabweichung (GA) =

= verrechnete Plankosten - Istkosten =

= 98.000 € - 85.000 € = + 13.000 € > 0 → Überdeckung

4. RSP 5.4.5 (Kap. 4.5)   **(4 Punkte)**

Zu den Unterscheidungskriterien zählen:

- Zeitraum: strategisch: langfristig, operativ: kurzfristig
- Ebene: strategisch: oberste Hierarchieebene, operativ: darunter
- Zahlenorientierung: strategisch: qualitativ, operativ: quantitativ
- Zielsetzung: strategisch: doing the right things; operativ: doing the things right

B

Prüfungssimulation 2

1. RSP 5.4.5 (Kap. 4.5)   **(16 Punkte)**

a) Es ergeben sich die folgenden Ergebnisse:

1. $\text{Eigenkapitalquote} = \dfrac{\text{Eigenkapital}}{\text{Gesamtkapital}} \times 100\,\% = \dfrac{125}{500} \times 100\,\% = 25\,\%$

2. $\text{Liquidiät I} = \dfrac{(50+50)}{200} \times 100\,\% = 50\,\%$

3. $\text{Liquidiät II} = \dfrac{(50+50+100)}{200} \times 100\,\% = 100\,\%$

4. $\text{Liquidiät III} = \dfrac{(50+50+100+75)}{200} \times 100\,\% = 137{,}50\,\%$

5. $\text{Working capital ratio in }\% = \dfrac{300}{200} \times 100\,\% = 150\,\%$

b) Die Antitrend AG verkauft einen Teil des Maschinenparks an die Finanzierungsgesellschaft. Da die Maschinen weiterhin genutzt werden sollen, least sie diese von der Finanzierungsgesellschaft zurück. Die Maschinen werden Eigentum des Leasinggebers. Der Leasingnehmer (die Antitrend AG) bleibt Besitzer des Maschinenparks. Der Leasinggeber zahlt den Kaufpreis und erhält in Zukunft die Leasingrate.

c) Zunächst verringert sich die Bilanzposition »Maschinen« um 10 Mio. €, die Position »Grundstücke« nimmt um 5 Mio. € zu. Somit vermindern sich das Anlagevermögen und damit auch die Bilanzsumme um 5 Mio. € auf 495 Mio. €. Die langfristigen Bankverbindlichkeiten bzw. Darlehen werden um 5 Mio. € gesenkt. Der Gewinn reduziert sich durch die jährlichen Leasingraten um 500 T€, im Gegenzug müssen aber 8 % von 5 Mio. = 400 T€ weniger Zinsen gezahlt werden, wodurch sich der Gewinn insgesamt um 100 T€ von +500 T€ auf +400 T€ verringert.

d) Zur kurzfristigen Erhöhung der Liquidität 1. Grades könnten kürzere Zahlungsziele für Kunden oder längere Zahlungsziele mit Lieferanten vereinbart werden. Zudem könnte nicht betriebsnotwendiges Anlagevermögen verkauft oder Anzahlungen von Kunden vereinbart werden.

        FHS-Verlag.de Fachbuchverlag Holger Stöhr

2. RSP 5.1.4.1 (Kap. 1.4.1)   **(12 Punkte)**

Die Anlage II ist nur hinsichtlich der Kosten günstiger. b) Die kritische Menge hinsichtlich der Kosten liegt bei 1.540 St.

Statische Investitionsrech.	Anlage I	Anlage II
kalk. Abschreibungen (AfA)	40.000,00	25.000,00
kalk. Zinsen	24.000,00	12.000,00
restliche Fixkosten	150.000,00	100.000,00
Summe der Fixkosten	214.000,00	137.000,00
Summe der variablen Kosten	500.000,00	550.000,00
Gesamtkosten a)	714.000,00	687.000,00
Erlöse pro Jahr	750.000,00	700.000,00
Gewinn c)	36.000,00	13.000,00
Rentabilität mit Zinsen d)	20,00 %	16,67 %

3. RSP 5.3.4.4 (Kap. 3.4.4)   **(10 Punkte)**

a) Es entsteht bei Anlage B ein Fertigungsengpass.

Zeitbedarf	Modern	Robust	Ruhig	Rüstzeit	Σ min	Σ Std.	Kapazität
Anlage A	25.000	12.000	6.000	500	43.500	725,0	< 750 Std.
Anlage B	20.000	20.000	9.000	600	49.600	826,7	> 500 Std.

b) Es ergibt sich folgendes optimales Fertigungsprogramm:

Produkte	db	Zeit B in min	db/min	relat. Rang	Mengen	Zeitbedarf in min.	DB
Modern	20 €	4 min	5 €	2.	1.350 St.	5.400	27.000 €
Robust	20 €	5 min	4 €	3.	3.000 St.	15.000	60.000 €
Ruhig	18 €	3 min	6 €	1.	3.000 St.	9.000	54.000 €
Summe						29.400	141.000 €

Tipp: Die Kapazität der Anlage B mit 500 Std. = 30.000 min muss um 2 mal 5 Std. bzw. 600 min Umrüstzeit reduziert werden (= 29.400 min).

4. RSP 5.4.2 (Kap. 4.2)   **(2 Punkte)**

Zielen des Controllings zählen: 1. Grundlage für fundierte Unternehmensentscheidungen, 2. Entlastung und Unterstützung des Managements, 3. Einrichtung eines Frühwarnsystems und 4. Informationssystem für das Management.

Anhang C: Finanzmathematische Faktoren

In IHK-Prüfungen und Formelsammlungen werden häufig entsprechende Tabellen gedruckt. Hier können dann die finanzmathematischen Faktoren herausgesucht und für die entsprechenden Rechnungen verwendet werden. Wie werden diese Tabellen nun verwendet? Zu Veranschaulichung berechnen wir für den Kapitalwert unseres Kopierers »L7750« in Höhe von 1.118,63 € die dazugehörige Annuität:

$$\text{Annuität} = \frac{\text{Kapitalwert}}{\text{BWF}}$$

❶ Zunächst benötigen wir den Zinssatz. Für 7,5 Prozent wählen wir die entsprechende Tabelle. ❷ Dann wählen wir den gesuchten Faktor aus – hier den Barwertfaktor (BWF) in der vierten Spalte. ❸ Schließlich benötigen wir noch die Laufzeit n. Bei 4 Jahren suchen wir demnach in der 4. Zeile und der 4. Spalte. Damit können wir aus der Tabelle den entsprechenden Wert herauslesen (BWF = 3,349326).

■ Finanzmath. Faktoren		7,50 %	❶
n	q^n	$1/q^n$	BWF	❷
1	1,075000	0,930233	0,930233
2	1,155625	0,865333	1,795565
3	1,242297	0,804961	2,600526
4	1,335469	0,748801	3,349326	❸
5	1,435629	0,696559	4,045885
6	1,543302	0,647962	4,693846
7	1,659049	0,602755	5,296601
8	1,783478	0,560702	5,857304
9	1,917239	0,521583	6,378887
10	2,061032	0,485194	6,864081

BWF = 3,349326   lt. Tabelle 7,5 % und n = 4 Jahre

$$\text{Annuität} = \frac{1.118,63\ €}{3,349326} = 333,99\ €$$

Anhang D: Tipps zur Prüfung

D

Was sollte ich in der Prüfung beachten?

- Suchen Sie vor der Prüfung einen ruhigen Platz im Vorraum und versuchen Sie **innere Ruhe** zu finden. Lassen Sie sich nicht von den unruhigen Zeitgenossen nerven, die vor der Prüfung alle stressen.

- Gehen Sie **entspannt** und ruhig an den Ihnen zugewiesenen Platz.

- Zunächst sollten Sie die **gesamte Prüfung durchblättern**. Es kommt immer wieder vor, dass Prüflinge einzelne Aufgaben auf der letzten Seite nicht lösen, da sie diese übersehen haben – kein Scherz!

- Lösen Sie die Aufgaben eine nach der anderen. Die **Reihenfolge** hierfür ist jedoch egal.

- Alle Aufgaben sollten in den Lösungsblättern **zusammenhängend** gelöst werden.

- Sollten Sie nach der Bearbeitung weiterer Aufgaben noch etwas in eine zuvor gelöste Aufgabe einfügen wollen und es fehlt der nötige Platz, können Sie das natürlich weiter hinten einfügen. **Wichtig:** Sie müssen aber unbedingt in der vorderen Lösung einen Verweis auf die weitere Lösung mit deren Seitenzahl einfügen. Der Korrektor ist eher wohlwollend gestimmt. Sie sollten ihn aber nicht unnötig verärgern.

- Es sollte eigentlich klar sein, dass Sie sich keinen Gefallen tun, wenn Sie dem Korrektor die Arbeit durch **unlesbare oder schlecht strukturierte Lösungen** erschweren.

- Verwenden Sie für jede neue Aufgabe jeweils eine neue Seite.

- Sie müssen die Aufgabennummern auf das jeweilige Blatt schreiben.

- Für gewöhnlich besteht eine Prüfungsaufgabe aus **Teilaufgaben** (a, b, ...). Sie müssen Ihre Lösungen genau diesen Teilaufgaben zuordnen und nicht einfach Aufgabe 3 hinschreiben und alle Teillösungen ohne Teilnummerierung aneinanderreihen. Das wird leider zu häufig gemacht und kann zu Punktabzug führen.

D

11 Tipps zur Fehlervermeidung in Prüfungen

1. **Gehen Sie nur auf den gestellten Arbeitsauftrag ein.**

   Zusätzliches Wissen, das nicht zur Frage passt, interessiert nicht.

2. **Achten Sie auf die Signalworte des Arbeitsauftrags.**

   Die Fragestellung beinhaltet neben sachlichen Informationen auch Signalworte zur Bearbeitung:

   a) *»Nennen Sie ...«, »Zählen Sie folgende ... auf ...«* usw.: Sie müssen die Begriffe nur auflisten, ohne diese zu erläutern/beschreiben.

   b) *»Erläutern Sie ...«, »Beschreiben Sie ...«, »Erörtern Sie ...«* usw.: Hier müssen Sie eben in ganzen Sätzen erläutern, beschreiben usw.

   c) *»Ermitteln Sie ...«, »Berechnen Sie ...«* usw.: In diesen Fällen müssen Sie Ihr Wissen anwenden.

3. **Beispiele sind keine Erläuterung.**

4. **Vergessen Sie den zweiten Arbeitsauftrag nicht.**

   Es kommt vor, dass in Aufgaben mehrere Teilaufgaben innerhalb eines Aufgabenteils zu lösen sind. Es erstaunt immer wieder, wie viele Prüfungsteilnehmer den zweiten Teil bei solchen Fragen vergessen.

5. **Achten Sie bei Fragen nach Vor- und Nachteilen darauf, auf wen sich diese beziehen sollen.**

6. **Sie müssen Abbildungen immer vollständig benennen/zeichnen.**

7. **Sie müssen korrekte Begriffe verwenden.**

   Häufig werden ähnlich klingende, aber falsche Begriffe verwendet.

8. **Geben Sie allgemein verständliche Lösungen.**

   Sie dürfen nicht davon ausgehen, dass der Korrektor ohnehin weiß, was gemeint ist, wenn Sie irgendwelche Stichworte geben.

9. **Arbeiten Sie mit Rechenschemen.**

10. **Vermeiden Sie leichtsinnige Zahlenfehler (bspw. Zahlendreher).**

11. **Nutzen Sie unbedingt Tausendertrennzeichen (12.175,- €).**

Stichwortverzeichnis

V

W

Z

Zu den Fachbüchern des FHS-Verlags

Das Verlagsprogramm bietet u. a. die folgenden Fachbücher:
(Autor ist jeweils Dr. Holger Stöhr)

I. Fachbücher zur Prüfungsvorbereitung: WQ-Teil

Es gibt zum WQ-Teil für Wirtschaftsfachwirte insgesamt 6 Fachbücher!

II. Fachbücher zur Prüfungsvorbereitung: HSQ-Teil speziell für Industriefachwirte

1. **F.I.T. zur IHK-Prüfung in Finanzwirtschaft im Industrieunternehmen:** Handlungsspezifische Qualifikationen für Industriefachwirte, Oberstdorf 2018, **ISBN 978-3-943743-24-1**

2. **F.I.T. zur IHK-Prüfung in Produktionsprozesse:** Handlungsspezifische Qualifikationen für Industriefachwirte, Oberstdorf 2018, **ISBN 978-3-943743-25-8**

3. **F.I.T. zur IHK-Prüfung in Marketing & Vertrieb**: Handlungsspezifische Qualifikationen für Industriefachwirte, Oberstdorf 2018 **ISBN 978-3-943743-26-5**

4. **F.I.T. zur IHK-Prüfung in Wissens- & Transfermanagement im Industrieunternehmen:** Handlungsspezifische Qualifikationen für Industriefachwirte, Oberstdorf 2018, **ISBN 978-3-943743-27-2**

5. **F.I.T. zur IHK-Prüfung in Führung & Zusammenarbeit:** Handlungsspezifische Qualifikationen für Industriefachwirte, Oberstdorf 2018 **ISBN 978-3-943743-28-9**

Weitere Fachbücher sind in Vorbereitung!

Nähere Informationen erhalten Sie unter:

www.fhs-verlag.de

© 2018, Fachbuchverlag Holger Stöhr (FHS)